KB276143

네, 자폐 맞고요

코미디언도
맞습니다

Original title: **Funny, You Don't Look Autistic: A Comedian's Guide to Life on the Spectrum**

Originally published in North America by: Annick Press Ltd.
Copyright © 2019, Michael McCreary (text) / Annick Press Ltd.
All rights reserved
Korean translation Copyright © 2025, Rollercoaster Press
Korean translation rights arragned with Annick Press Ltd. through Orange Agency

이 책의 한국어판 저작권은 오렌지 에이전시를 통해 저자 Michael McCreary와 독점계약한 롤러코스터 출판사에 있습니다. 저작권법에 의하여 한국 내에서 보호를 받는 저작물이므로 무단전재와 복제를 금합니다.

자폐 코미디언 마이클 매크리어리의
유쾌한 세상 적응기

네, 자폐 맞고요

마이클 매크리어리 지음
박신영 옮김

코미디언도 맞습니다

안녕하세요! 전 마이클이라고 해요. 자폐인의 삶을 주로 다루는 스탠드업 코미디를 하고 있죠. 자폐와 코미디가 그리 어울리는 단어는 아니죠? 하지만 코미디라는 게 원래 금기를 깨고 사람들이 말하기 껄끄러워하는 주제를 양지로 끌어내는 역할을 하잖아요.

저는 다섯 살에 자폐 진단을 받았어요. 코미디언으로 진단받은 건 한참 후지만, 항상 사람들 앞에 나서고 남들을 웃기는 걸 즐겼답니다. 처음 스탠드업 코미디를 시작한 10대 무렵, 자폐에 대한 오해를 풀고 편견을 깨뜨리는 데 코미디를 이용하면 좋겠다는 생각이 들었어요. 자폐인으로 살아간다는 건 분명 힘든 점이 많아요. 그렇다고 항상 슬프고 어둡기만 한 건 아니에요. 배꼽 빠지게 웃긴 일도 많죠.

사람들은 제 코미디를 좋아해줬어요. 학교 행사나 교회 지하실에서 공연하던 저는 곧 더 큰 행사를 뛰게 됐죠. 대학교, 코미디 클럽, 콘퍼런스 센터, 심지어는 토론토에서 매우 유명한 매시 홀 Massey Hall에서도 공연을 했어요. 캐나다를 가로지르는 전국투어도 다녔고, 라디오와 텔레비전에서도 제 인터뷰를 따 갔어요. 이 세상은 자폐 코미디언을 받아들일 준비가 되어 있었던 거죠.

어쩌면 여러분도 자폐인을 한 명쯤은 알고 있을지 몰라요. 아니, 아마 알 겁니다. 미처 자각하지 못했을 뿐. 친구나 가족일 수도 있고, 학창 시절 뒷자리에 앉아서 끊임없이 다리를 떨어대던 녀석일 수도 있어요(그 녀석이 맞을 겁니다). 여러분이 이 책을 집어든 이유는 다양할 거예요. 자폐가 뭔지 궁금할 수도 있고, 자폐인 친구나 가족을 더 잘 이해하고 돕고 싶어서일 수도 있겠네요.

어쩌면 이 책을 읽는 당신이 자폐 스펙트럼 장애를 가졌을 수도 있고요. 그렇다면, 축하합니다! 당신은 지구상 전 인류 중 1.5% 안에 드는 겁니다. 혼자가 아니라는 걸 알면 좀 든든하지 않나요?

이유야 뭐가 됐건, 만일 여러분이 자폐와 자폐인의 두뇌에서 벌어지는 오만 가지 현상에 대해 모든 걸 아우르면서도 낱낱이 파헤친 책을 찾고 있다면 **단언컨대** 이 책은 아니에요. 지금 당장 이걸 내려놓고 다른 책을 고르세요. 이왕이면 코미디언이 쓰지 않은 걸로.

이 책은 자폐인이 겪는 보편적인 경험을 알려주는 책도 아니에요. 자폐 스펙트럼 장애Autism Spectrum Disorder, ASD는 사람마다 다른 양상을 보이거든요. 모든 자폐인을 대변해서 확실히 말씀드릴 수 있는 건 제가 모든 자폐인을 대변할 수 없다는 말뿐이에요.

이 책에는 제 이야기밖에 없어요. 학교를 가고, 친구를 만나고, 애인을 사귀고, 아마추어 코미디언으로 살아온 이야기. 다만 그렇게 살아온 사람이 자폐 스펙트럼 장애인일 뿐인 거죠. 이렇게 살아온 얘기를 하다가 제가 경험하거나 사람들과 대화하면서 깨닫고 이해한 걸 바탕으로, 자폐인으로 살아간다는 게 어떤 건지 제대로 알려드리면 좋겠다 싶긴 합니다. 혹시 제가 어떤 사람인지 판단이 선다면 저한테도 좀 알려주세요.

여러분이 자폐인이든 아니든 간에 제 삶의 고난과 성공✦에 함

✦　자폐가 아닌 독자들에게 말씀드립니다. 자폐인인 제가 펼쳐놓는 이야기를 읽다 보면 '와, 나도 똑같은데.' 싶은 내용도 분명 있을 거예요. 혹시 그런 일이 생긴다면 '나도 자폐인가?' 하며 바로 검색창으로 직행하지 말고 크게 심호흡하세요. 단순히 몇몇 경험들이 일치한다고 해서 자폐인 건 아니니까요. 자폐인은 외계인이 아니에요. 우리도 여느 사람들과 똑같이 생각하고 똑같은 걸 느껴요. 단지 감정의 강도가 훨씬 깊고 그 감정이 우리가 생활하는 여러 기능에 막대한 영향을 미친다는 게 다를 뿐이죠. 자폐인지 아닌지는 오직 전문가만이 제대로 진단 내릴 수 있다는 점 명심하세요.

께 공감해주시고, 인간이라면 누구나 겪는 별나고 겸연쩍은 순간 들에는 함께 웃을 수 있으면 좋겠습니다.

최근에 한 사람과 만나 대화하다, 어쩌다 보니 제가 자폐라는 얘기를 하게 됐어요. 그녀가 깜짝 놀라더군요. "말도 안 돼. 이렇게 잘 지내는데 자폐라고요?"

자폐라고 해서 반드시 못 지내는 건 아닌데 말이죠.

이쯤에서 자폐인들이 자신을 어떻게 일컫는지 알려드리는 게 좋겠네요. 누군가는 '자폐인이에요'처럼 사람이 드러나는 걸 더 선호하고, 또 누군가는 '자폐가 있어요'처럼 정체성을 우선시하기도 하죠. 양쪽 모두 각자가 무엇을 중시하고 가치를 어디에 두는가를 강조하는 거라고 봐요. 그러니 어떤 표현이든 각자 원하는 대로 불러주는 것이 중요하겠죠.

개인적으로는 '자폐인'이라고 부르건 '자폐가 있다'고 하건 신경 쓰지 않아요. 모두 같은 뜻으로 다가와서, 전 둘 다 사용한답니다. 그저 그때그때 제가 하는 말에 더 어울리고 의미를 또렷하게 전달할 수 있는 표현을 쓰죠. 이 책에서도 이런저런 표현을 섞어서 쓸 거예요.

만일 여러분이 자폐인을 (혹은 자폐가 있는 누군가를) 만난 적 있다면 그게 댄 애크로이드이길 바랄게요. 영화 〈고스트 버스터즈〉로 유명한 배우잖아요!

차례

들어가며 • 004

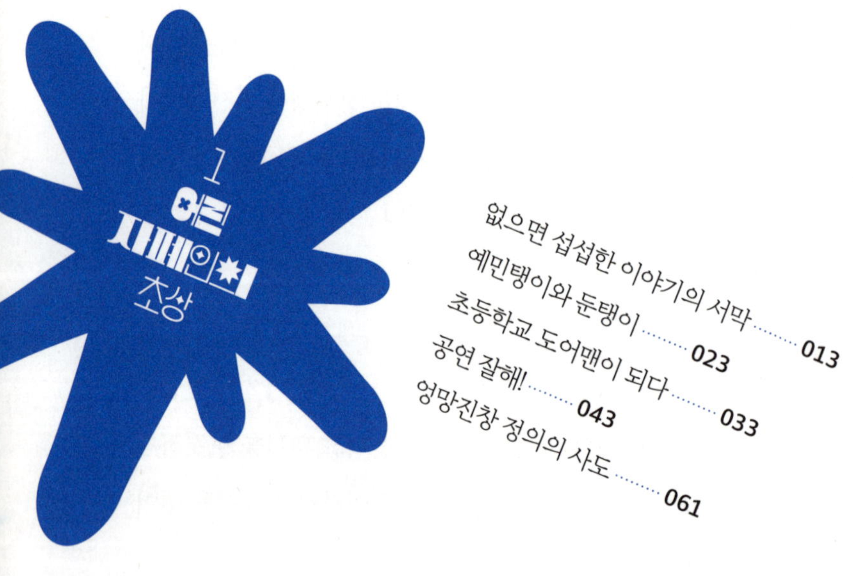

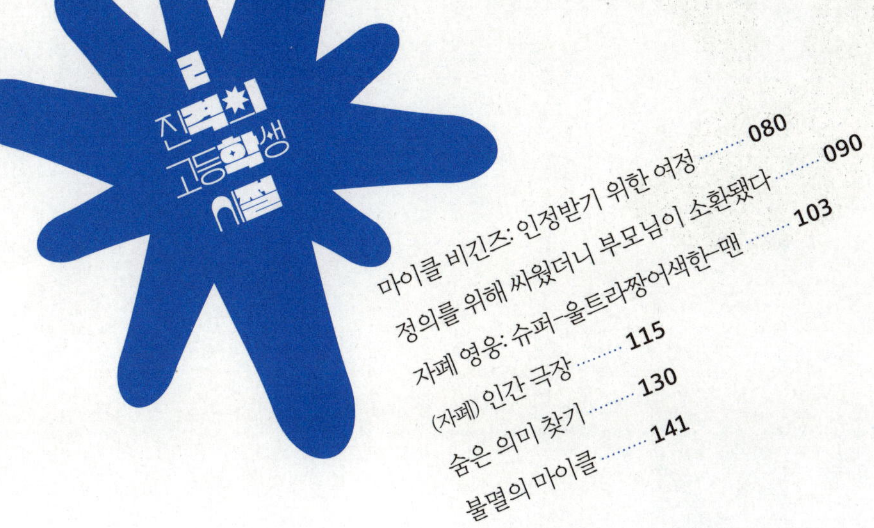
2
진격의
고등학생
시절

3
대도시에서
자폐로
살아남기

X 이지
제페인의
처방

어른이 된다는 건 누구에게나 힘든 일이다.

하지만 자폐인에게는 그 어려움이 배가된다. 아직 '자폐'라는 글자도 제대로 쓰지 못하는 코흘리개 시절부터 사람들이 지닌 부정적 인식이나 오해와 마주해야 하니까. 이런 부정적 인식이나 오해에 잘 대처하기 위해서는 자신의 장점과 약점을 스스로 파악하고 그걸 어떻게 활용할지 알아야 한다. 나도 꽤나 많은 시행착오를 거치고 나서야 이걸 제대로 알게 됐다.

이 책의 1부는 시트콤에서 방금 튀어나온 듯한 모습으로 영화 대사를 마구 뱉어내는 육아 난이도 극악의 꼬맹이가 하드보일드 드라마에서나 볼 법한 복수심에 불타는 소년으로 진화하는 대장정을 다룬다(그래도 결말은 행복하다. 진짜다). 자폐의 특징적 행동과 다양한 사고 패턴을 고스란히 보여주는 우리 가족 얘기도 나온다.

하지만 먼저 어린 자폐인의 인생에서 정체성 형성에 지대한 영향을 미쳤던 경험부터 얘기하자. 바로, 자폐로 진단받기.

없으면 섭섭한 이야기의 서막

어쩌면 양말 때문이었는지도 모른다.

어렸을 적 나는 양말 신는 걸 무척 싫어했다. 부모님이랑 밖에 잘 다니다가도 갑자기 버럭 소리를 지르곤 했다. "울퉁불퉁한 게 발을 막 찔러요!"

돌멩이라도 들어갔나 싶어 부모님이 신발을 벗겨서 살펴봤지만 아무것도 없었다. 그저 양말 안쪽 봉제선이 발가락 밑에 낀 것뿐이었는데, 그게 나를 미치고 팔짝 뛰게 만들었다.

반팔도 못 입었다. 옷에 덮여서 따뜻한 위쪽 팔과 고스란히 드러나서 차가운 아래쪽 팔의 온도 차를 견딜 수가 없었다. 한 팔에 느껴지는 온도 차이가 너무나 혼란스러웠기 때문에, 누가 반팔을 입히려고만 하면 아주 생난리를 쳤다.

어쩌면 세 살이 다 되도록 말을 못 했기 때문이었을 수도 있다.

그러다 마침내 말문이 트였을 때는 오로지 영화 속 대사만 읊어 댔다. 어렸을 때부터 영화라면 장르를 가리지 않고 정신을 못 차 릴 정도로 좋아했다. 고전 흑백영화부터 최신 어린이 영화까지, 나는 모든 영화의 대사를 따라 하곤 했다. 뜻을 이해하고 말한 건 아니었다. 그저 대사가 소리 나는 방식이 좋았다. 만일 누가 우리 집을 들여다봤다면 드라마 촬영 현장인 줄 알았을 거다. 나는 항 상 대사를 쏟아낼 준비를 하고 있었으니까.

아빠: 마이크으으으을! 축구공으로 창문 깬 사람 누구야?
나: 용의자들 싹 불러 모아!
(주제가가 흘러나오며 감독 이름이 올라가고, 화면이 암전된다.)

부모님이 "이 녀석 뭔가 좀 이상한데"라고 생각하게 된 계기가 뭐였는지는 모르겠지만 그저 고마울 따름이다. 왜냐하면 솔직히 애들은 원래 다 이상하니까. 낡은 종이 상자를 보면 아이들은 본 능적으로 그 안으로 뛰어들어서 "우주선이다!" 하고 소리 지르기 마련이다. 정말 이상하지 않은가. 그래도 이 사회는 애들이 조금 이상해도 웬만큼은 다 받아준다. 그러니 우리 부모님이 심각하게 생각할 정도였다면 내 행동이 특출하게 이상했던 게 분명하다.
사실 부모님에겐 걱정할 만한 이유가 있었다. 남동생 매슈가

DSM-5라고 하면 스파이 정보 조직이나 16차선 고속도로 이름 같겠지만, 사실 이건 미국 정신의학협회에서 만든 《정신질환 진단 및 통계 편람Diagnostic and Statistical Manual》이라는 책의 약자다. 2013년에 다섯 번째 개정판을 펴내면서 뒤에 5가 붙은 것으로, 북미 지역 의사들과 정신건강 관련 전문가들의 필수 지침서 같은 책이다. DSM-5에서는 다음 세 가지 영역에서 모두 어려움을 겪을 경우 자폐로 정의한다.

❶ 사회적 상호작용
❷ 의사소통
❸ 반복적인 행동 양상

지난 수년 동안은 전반적 발달장애나 고기능 자폐, 아스퍼거 증후군과 같은 다양한 용어로 자폐를 정의해왔다. 하지만 2013년부로 이런 구분은 없어졌다. 이제는 자폐이거나 아니거나 둘 중 하나만 가능하며, 자폐인은 자폐 스펙트럼 장애를 가졌다고 표현한다.

그즈음 막 자폐로 진단받았기 때문이다. 매슈와 나는 행동 양상이 굉장히 달랐지만 엄마 아빠는 이렇게 생각할 수밖에 없었다. "혹시 마이클도?"

이런 연유로 내 나이 다섯 살에 정신과 의사를 마주하게 됐다. 부모님은 이 상담을 통해 나에 대해 뭔가 해답을 얻기를 바라셨지만 실제로는 너 많은 의분점만 생겨났다.

부모님의 계획은 이랬다. 아동 행동을 전문으로 하는 소아정신과 의사에게 나를 데려간다. 의사가 나에게 먼저 질문하고 그다음에 부모님에게 질문하면 우리는 모두 예의 바르게 대답한다. 그러면 의사는 내가 가진 모든 문제점을 설명할 수 있는 딱 들어맞는 진단을 내릴 거고, 부모님과 나는 다시 일상으로 돌아간다. 너무나 간단하지 않은가! 하지만 현실은 그렇게 흘러가지 않았다. 솔직히 말하자면 의사와 만난 순간은 공포 영화 〈오멘〉의 한 장면 같았다.

병원에 도착했을 때만 해도 모든 게 괜찮았다. 부모님은 여느 때와 마찬가지로 나 때문에 잔뜩 긴장하셨지만 나는 고분고분 얌전히 있었다. 로비에 도착해 숨도 제대로 돌리기 전에 그곳 직원이 우리를 작은 베이지색 방으로 안내했다. "5분만 있으면 의사선생님이 오실 거예요." 이 말만 남기고 직원은 방을 나갔다.

5분은 내가 의자에서 뛰어내리고, 커튼을 잡아 뜯고, 그곳을 쑥대밭으로 만들어놓는 데 충분한 시간이었다. 그 모습을 보고 부모님은 너무 놀란 나머지 충격에 빠져 넋을 빼고 앉아 있었다. 의사가 들어왔을 때 나는 그 난장판 한복판에 앉은 채 손가락을 꾸

물거리며 미소 지었다. 여기에 쓰다듬을 고양이만 있었다면 내가
생각한 완벽한 악당의 모습이 완성됐을 거다.

그렇게 날뛰면서도 도대체 왜 이러는지 나도 몰랐다. 평소에
난동을 부리는 아이가 아니었으니까. 어쩌면 다들 날 무시한다고
생각해서 주의를 끌고 싶었는지도 모르겠다. 이유가 뭐가 됐건,
의사는 이미 진단을 내렸다.

"골칫덩어리군요."

자폐인들에게는 제대로 된 진단을 받는 것 자체가 넘어야 할
큰 산이다. 일단 진단을 받기만 하면 자폐 증상을 완화해줄 여러
가지 요법이나 다양한 극복 방안을 시도해볼 수 있다. 진단을 받
기 전까지는 캄캄한 미로 속이나 다름없다. 부모님과 나는 바로
그 어두운 미로 속에 있었다.

오늘날에는 자폐가 사람에 따라 천차만별 다른 양상을 보인다
는 사실이 잘 알려져 있다. 하지만 내가 병원에 갔던 2001년에는
어떤 행동이 자폐인지 아닌지를 매우 엄격하고 보수적인 기준으
로 구분했다. 내 행동이 전형적인 자폐의 기준에 맞지 않았기 때
문에 의사들은 정확히 진단 내리기가 어려웠고, 부모님은 우리에

자폐는 왜 생기는 걸까?

자폐가 왜 생기는지는 사람마다 의견이 분분하다. 개중에는 말도 안 되거나 근거 없는 얘기도 많다. 연구 조사에 의하면 유전적 요인과 환경적 요인이 함께 작용하는 듯하지만, 우리는 아직 자폐의 원인에 대해 정확히 모른다. 나는 개인적으로 자폐의 원인 따윈 별로 신경 쓰지 않는다. 중요한 건 자폐인이 이미 존재하고 있다는 것이고, 따라서 내 관심사는 자폐의 원인이 아니라 어떻게 하면 자폐인을 더 도울 수 있을까 하는 것이다.

이번 주에 뽑아보는 자폐의 원인

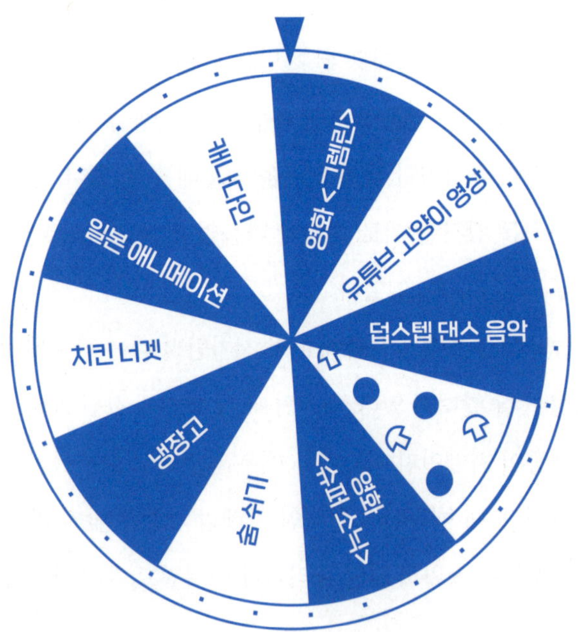

게 답을 줄 수 있는 사람을 계속 찾아 헤맬 수밖에 없었다.

진단을 받으려던 두 번째 시도는 내게 일명 '레고 사건'이라 불

리는 오명을 남겼다. 참고로 내 잘못은 아니었다.

다년간에 걸친 방문 경험에 비춰보건대, 정신과 의사 사무실
은 대개 비슷하게 생겼다. 벽과 카펫이 온통 베이지색이다. 하지
만 이 두 번째 의사의 사무실은 초현실주의 화가 살바도르 달리
의 그림 같았다. 녹아내리는 시계가 있었던 선 아니지만, 뭔가 조
금 괴상했다. 그 괴이한 느낌이 혼란스러워서 나는 어찌할 바를
몰랐다. 게다가 접수를 받은 직원이 부모님 없이 나 혼자 의사를
만나야 한다고 우겼기 때문에 더욱 안절부절못했다. 직원은 걱정
하는 부모님께 이렇게 말하며 안심시켰다. "걱정 마세요. 우리 선
생님은 애들을 아주 잘 다루세요." 저 말이 '우리 선생님은 애들을
잡아먹어요'라는 뜻이라는 걸 진작 알아차렸어야 했는데.

그나마 유일하게 마음에 드는 건 진료실 한가운데에 레고 더

미가 수북이 쌓여 있었다는 거다. 그것도 따끈따끈한 신제품인 〈스타워즈 에피소드 2: 클론의 습격〉 레고 세트였다. 겨우 용기를 내서 레고 더미에 다가갔을 때 침묵을 깨는 여자의 목소리가 들렸다. "아직은 안 돼! 그거 가지고 못 놀아!"

어디선가 나타난 의사(앞으로 책에서 '레고 의사'라고 언급될 것이다)가 제안을 해왔다. "내가 하는 질문에 전부 다 대답해주면, 그때 레고를 가지고 놀게 해줄게."

여기에는 문제가 하나 있었다. 당시 다섯 살이던 나는 상대방이 무슨 말을 하는 건지 말뜻을 제대로 이해하지 못했다. 몇몇 표현을 몰랐다는 게 아니다. 아예 말귀를 못 알아들었다. 평소에 영화 대사를 읊을 때도 뜻도 모르면서 내뱉을 때가 많았다. 그저 대사 소리가 좋았을 뿐이니까. 그래서 "질문에 전부 다 대답해주면"이라는 말을 들었을 때, 나는 뭐가 됐건 '대답'만 해주면 되는가보다 했다.

곧바로 질의응답이 시작됐다. 의사가 첫 번째 질문을 했을 때 나는 수탉처럼 '꼬끼오' 하고 대답했고, 두 번째 질문을 했을 때는 암탉처럼 '꼬꼬댁' 했다. 나는 내가 잘하고 있는 줄 알았다. 그렇게, 의사가 하는 질문과는 전혀 상관없는 '대답'을 내놓으며 우리의 문답은 계속됐다.

마침내 필요 이상으로 질질 끌던 테스트가 모두 끝났다. 대답하는 내내 레고 생각만 가득했던 나는 더 이상 참을 수가 없었다.

"이제 레고 가지고 놀아도 돼요?"

의사가 소리쳤다. "되겠니? 테스트가 이렇게 오래 걸렸는데! 안 돼!"

나는 말도 못 하게 실망했다. 신경학적 평가를 **받는 데 실패하다니**. 이게 실패할 수 있는 일이었나?

우리는 세 번째 의사를 찾아갔다. 이 의사는 S라고 부르겠다. 앞선 두 번의 경험에서 나는 많은 걸 배웠다. 고분고분 말을 잘 듣는 법을 익혔고, 때로는 어른도 아이를 싫어할 수 있다는 걸 깨달았다. 이번에는 부모님도 기어코 진료실에 함께 들어오겠다고 하셨다. 그럴 만했다.

이번 의사는 달랐다. 마구 분석하려 들지도 않았고, 성급히 끼어들지도 않았다. 오히려 내가 하는 말을 기꺼이 다 들어주었다. 비록 내가 하는 말은 이상한 '꼬꼬댁' 소리가 전부였지만. 레고 의사가 마녀 같았다면 S 선생님은 친절하고 다정한 할아버지 같았다. 그렇게 30분이 흘렀을 무렵 의사 선생님이 내 진단명을 알려줬다. 자폐 스펙트럼 장애.

자폐 진단은 인생의 전환점이나 다름없었다. 적어도 우리 부모님에게는 말이다. 나야 뭐, 겨우 다섯 살이었으니. 이해도 못 할 말을 계속 늘어놓는 의사 선생님 얘기를 듣는 대신 빨리 그곳을 벗어나 도서관에서 〈공룡 대탐험〉이나 빌려 보고 싶었을 뿐이다. 그때 조금 더 고맙다는 표현을 할걸, 하고 뒤늦게 후회가 된다. 자폐 진단은 상상 이상으로 내게 커다란 도움이 되었다. 학교생활을 해 나가거나 나 자신을 이해하는 데는 물론이요, 종국에는 이 세상에 내 자리가 어디인지 찾아가는 여정에도 도움을 주었다.

그러니 실상은 내게도 그때가 인생의 전환점이었다. 다만 깨닫지 못했을 뿐.

예민탱이와 둔탱이

우리 집 식구들은 전부 통통 튀는 개성만점 성격을 가지고 있다.

 아빠 쪽 집안은 운동선수의 피가 흐른다. 그쪽 친척들은 대부분 온타리오주 선드리지라는 작은 마을에서 태어났는데 상당수가 전국 하키 리그 스타가 됐다. 얼음 위에서 날아다니는 우리 아빠도 한때는 유럽에서 하키 선수로 이름을 떨쳤다. 나중에는 고향으로 돌아와 가업을 도왔지만. 아빠는 1980년대 후반에 엄마를 만났다. 엄마는 간호사이자 미용사였으며, 외할아버지는 왕년에 비틀스 전 멤버인 존 레논에게 한 방 먹였다고 허풍을 떠는 남자였다. 이런 엄마와 아빠가 만나서 세 아들을 낳았으니. 스포츠를 싫어하는 큰아들, 비틀스를 사랑하는 막내아들, 그리고 바나나맛 사탕을 자기 콧구멍에 쑤셔넣은 전적이 있는 둘째 아들인 나, 이렇게 삼형제였다.

우리가 살던 온타리오주 오렌지빌은 토론토 외곽으로 한 시간 정도 달리면 나타나는 예스럽고 유서 깊은 마을이었다. 남들이 보기에 우리는 평범한 가족의 전형이었을지도 모른다. 삼형제 중 둘이 자폐 스펙트럼을 가지고 있다면, 그것 역시 우리에겐 평범함이었다.

솔직히 말해서 나랑 동생이 둘 다 자폐를 가지고 태어났다는 건 별로 놀랍지 않은 일이다. 우리 부모님은 두 분 모두 신경전형인이지만, 두 분의 별난 점을 잘 으깨서 뒤섞으면 자폐인 아이가 태어나리라는 건 자명해 보였다.

나는 걱정을 사서 하는 엄마와 지나치게 깐깐한 아빠의 성격을 물려받았다. 남동생 매슈는 엄마처럼 충동적이고, 아빠처럼

자폐인들은 비자폐인들을 '신경전형인Neu-rotypical, NT'이라고 부른다. 신경전형인이란 말 그대로 신경학적으로 전형적인 사람, 자폐가 없으며 뇌 기능에 영향을 주는 장애나 신경질환이 없는 사람을 뜻한다.

조언 한 마디: 앞으로 '정상인' 대신 '신경전형인'이라는 말을 써보면 어떨까.

〈커미트먼트〉라는 코미디 영화의 사운드트랙을 지나칠 정도로 좋아한다. 둘 다 자폐 진단을 받았지만, 나와 매슈는 자폐 성향이 극과 극일 정도로 완전히 다르다.

처음 자폐 진단을 받았을 때는 내가 다른 애들과 별로 다르다고 생각하지 않았다. 그럼에도 확실하게 느낀 차이점이 하나 있었으니, 바로 내 감각이 증폭되어 있었다는 사실이다. 마치 모든 감각이 초인적으로 발달한 삼류 슈퍼히어로 같았다.

날 괴롭히는 건 비단 양말이랑 옷에 붙은 상표만이 아니었다. 씹는 소리가 내게는 엄청 크게 들렸고, 데오드란트 스프레이 냄새도 유독 역했다. 사람이 많은 것도 견디기 어려웠다. 아빠가 처음 나를 하키 경기장에 데려간 건 여섯 살 때였다. 어느 팀 경기였는지는 까먹었지만, 홈팀이 골을 넣은 뒤 관중이 환호하며 소리 지르던 것은 절대 잊지 못할 거다. 내가 바닥에 그대로 주저앉아 버렸으니까. 관객의 환호가 생명인 스탠드업 코미디언이 그러면 안 되겠지만, 여섯 살의 나는 어쩔 수가 없었다. 한 번에 너무 많은 자극이 들어와서 감당이 안 되는 감각 과부하가 일어난 것이다.

나는 특히 소음에 민감했다. 더 자세히 말하자면 갑작스럽게 터져 나오는 소음 말이다. 다행히 시간이 지나면서 감각 과부하로 인한 스트레스를 조절하는 데 나름 능숙해졌다. 만일 갑작스러운 소음에 놀라 경기장에서 울고불고 생난리를 쳤던 내 경험이 남 얘기 같지 않다면, 여러분께도 도움이 될 만한 조언을 해드리고자 한다.

✦ 일을 할 때는 양옆에 칸막이를 설치해서 공간을 확보해보자. 두꺼운 마분지가 제일 좋지만 베개를 쌓아두는 것도 괜찮다.

✦ 빛에 예민한 사람이라면 색이 있는 선글라스를 써보자.

✦ 소리에 민감한 사람들은 어딜 가든 소음 방지용 귀마개나 헤드폰을 챙기도록 하자.

✦ 사람이 밀집해 있고 시끄러운 곳을 좋아하는 자폐인도 있다. 만일 당신이 이런 쪽이라면 일상생활에 더 많은 소리를 녹여보는 것도 좋다. 드럼 연주를 배우거나 DJ가 되어보는 건 어떨까?

✦ 만일 가족이나 친구 중 냄새에 민감한 사람이 있다면 자주 샤워를 한다든가 데오드란트 스프레이 사용을 서서히 줄여나가는 것도 그들에게 도움이 될 것이다. 반면에 강렬한 냄새에 환장하는 사람이 친구라면? 말해 뭐하겠는가. 냄새 파티를 벌이는 거지!

흔히들 하는 오해가 있다. 자폐인이 감각의 과부하를 견디지 못해 울며 소리 지르는 것이 떼쓰는 것과 똑같다고 생각하는 거다. 하지만 그 둘은 분명히 다르다. 감정 통제 불능이란 자기가 조절할 수도, 이해할 수도 없는 상황이 닥쳤을 때 자폐인이 무의식적으로 보이는 반응이다. 예를 들면 이런 경우처럼. "오늘 학교에서 어떤 애가 스티로폼 두 개를 계속 문지르는 거야. 그 소리가 너무 소름 끼쳐서 울고불고 난리를 쳤지 뭐야." 반면 떼쓰는 건 자기가 원하는 것을 갖지 못해서 짜증을 부리는 거다. 예를 들면 이런 것. "뭐? 금요일인데 노래방 예약을 안 받는다고? 에잇! 다 때려 부숴!"

우리 가족은 토론토에서 열리는 〈라이온 킹〉 뮤지컬에 초대를 받았다. 하키 경기장 사건 직후였기에 부모님은 내가 소리에 민감하다는 점을 특히나 걱정하셨다. 하지만 걱정에도 불구하고 찡얼대는 어린 마이클을 뒤에 달고 부모님은 토론토로 향했다.

그날은 시작부터 영 안 좋았다. 공연 전에 저녁을 먹으러 간 식당에서부터 감각 과부하 문제가 발생했기 때문이다. 내가 어처구니없게도 다른 사람(일면식도 없는 사람이었다)의 접시에 놓여 있던 매운 치킨윙을 낚아채서 야만인처럼 제멋대로 뜯어먹는 바람에 상황이 더욱 악화했다. 더군다나 나는 매운 걸 못 먹었으니.

극장에 도착했을 무렵 내 상태는 말이 아니었다. 입은 불이 난 것 같았고, 눈물도 찔끔 났다. 그러던 와중 공연의 막이 올랐다. 나는 큰 소리가 나면 바로 터져버릴 시한폭탄이었던 거다. 부모님은 한껏 숨을 죽인 채 마음을 단단히 먹었다. 이제 곧 〈라이온 킹〉의 유명한 첫 소절이 시작되면 내가 엉엉 울어버릴 테니까.

공연이 시작됐을 때, 부모님은 믿을 수 없는 광경에 놀라 입을 떡 벌릴 수밖에 없었다. 감탄을 불러일으키는 웅장한 노래의 힘 때문이었을까. 아니면 치킨윙의 매운맛이 입안을 홀라당 태워버렸기 때문일까. 무엇 때문인지는 모르겠지만 나는 아주 조용하고 얌전히 앉아 있었다. 적어도 노래가 끝날 때까지는. 첫 곡이 끝나자마자 나는 우렁차게 소리 질렀다. "앵코올~!!"

관객들은 와하하 웃음을 터뜨렸고, 나는 그 자리에 앉은 채 왜 배우들이 앙코르 요청을 안 들어주는지 의아해할 따름이었다.

내가 작은 자극에도 지나치게 반응하는 감각 과민인 탓에 부모님이 남들 앞에서 진땀을 뺐다면, 동생 매슈는 나와 정반대로 감각 둔감증이었다. 즉, 지나치게 감각이 둔했다는 뜻이다. 남들처럼 열기나 추위를 잘 느끼지 못했기 때문에, 혹시라도 화상을 입거나 몸이 얼음장이 되지는 않는지 부모님이 항상 신경 써서 돌봐야 했다. 감각에 무척 둔감한 탓에 일부러라도 자극을 찾아다녀야 했는데, 마침 우리 집이 고속도로 바로 옆이어서 소음을 좋아하는 매슈에게는 딱이었다. 그중에서도 유독 트럭 경적 소리를 좋아했다(감각 둔감증이 있는 사람들 가운데는 매운 음식이나 자극적인 냄새를 즐기는 사람도 있다. 매슈도 매운 치킨윙을 가장 좋아한다. 매운 치킨윙이라니. 아마도 신이 날 골리려고 작정한 게 분명하다).

참, 하나 더. 매슈는 옷 입는 걸 싫어했다. 부모님이 아무리 애를 써도 옷을 벗어던지기 일쑤였다. 물론 밖에 나갈 때는 위아래로 옷을 착실히 입었지만, 집에 돌아오자마자 옷을 홀라당 다 벗고 눈 무더기 안으로 뛰어들곤 했다. 마치 온몸이 너무도 무감각해서 북극곰처럼 눈에 뛰어들어야 조금이나마 감각이 살아난다는 듯.

매슈와 나는 애초에 시작부터 달랐다. 한참 나중에서야 말을 시작했던 나와 달리 매슈는 돌이 되기도 전에 일찍 말문이 트였다. 그러다 세 돌이 됐을 무렵 서서히 말수가 줄더니, 결국엔 말을 전혀 하지 않게 됐다. 반면에 나는 말은 늦게 시작했지만 일단 말문이 트이자 끊임없이 수다를 떨었고, 오늘날까지도 멈추지 않고 지껄이고 있다. 마치 우리 둘이 바통 터치를 한 것 같았다. 그 순간부터 우리 둘은 서로 매우 다르게 커갔다.

자라면서 우리 둘 다 집착하는 것이 생겼다. 자폐인들에게는 흔한 증상이다. 하지만 이 집착조차도 우리는 극과 극이었다. 나는 미친듯이 영화를 섭렵했고, 매슈는 먹거나 뛰는 것에 집착했다. 즉, 우리 신체도 다른 모습으로 발달했다는 뜻이다. 동생은 10대가 되면서 벌써 키 180센티미터에 몸무게 90킬로그램으로 몸이 운동선수 같았다.

심지어 삶을 대하는 태도도 우리는 서로 달랐다. 나는 심사숙고형 아이였다. 때로는 너무 깊게 생각하느라 결정을 못 내릴 때도 많았다. 아무리 사소한 일이라도 그걸 해내려면 남들이 인정해주는 게 중요했다. 반면 동생은 오직 본능에만 충실했다. 배가 고프면 나무에 달린 사과라도 따 먹었고, 목이 마르면 호수에 뛰어들어 목을 축였다. 녀석의 생각 회로는 "필요한 게 생기면, 구해온다"였다. 비록 그 현실 감각에는 의문이 들었지만, 동생의 실행력만큼은 부러웠다.

그래도 자라나면서 공통점이 아주 없지는 않았다. 우선 매슈는 유머 감각이 무척 끝내준다. 동생이나 나나 똑같이 슬픔을 극복하는 데 유머를 동원한다. 매슈는 사람들이 뭔가 반응을 보이고 확실히 웃어주겠다 싶으면 기회를 놓치지 않았다. 녀석이 제일 좋아하는 장난은 내가 좋아하는 노래를 한창 듣고 있을 때 난

데없이 라디오 채널을 확 바꾸는 거였다. 그 정도는 애교로 봐줄 수 있다. 어느 때는 땅콩버터를 문손잡이에 바르기도 하니까.

어려서부터 매슈를 봐오면서 깨달은 게 있다면, 사람들은 의외로 타인의 단점이나 이상한 버릇을 꽤 넓은 아량으로 품어준다는 거였다. 매슈가 집에서 홀딱 벗고 돌아다니거나 눈더미에 뛰어드는 걸 보면 분명 주변 사람들이 수군댈 거라고 생각하리라. 하지만 처음에는 흠칫 놀랐던 사람들도 차차 대수롭지 않게 여겼다. 이웃들도, 전문 간병인도, 우리 집에 놀러 온 친구들도. 그저 어깨만 으쓱하며 "매슈는 원래 저러잖아." 할 뿐이다. 항상 적극 응원해주고, 색안경 없이 바라봐주는 사람들이 주변에 있다는 건 우리 가족에게 아주 커다란 힘이 됐다.

매슈를 동생으로 둔 건 내가 사람들을 대하는 태도에도 영향을 줬다. 누군가가 당신 앞에서—정서적으로든 육체적으로든—벌거벗은 모습을 보이면 그의 취약한 모습도 너그럽게 받아들이

게 된다. 그 덕분에 나는 누군가가 힘든 시기를 겪는 모습을 보는 일이 두렵지 않았다. 그리고 나와 생각이 다른 사람들을 이해하려 애쓰는 법도 배웠다. 그건 '학교'라는 인생 최대의 도전을 앞둔 내게 아주 유용한 교훈이 될 터였다.

초등학교 도어맨이 되다

학교에 들어간 지 얼마 안 됐을 때, 선생님이 반 아이들에게 질문을 하셨다.

"우리 학교에 학생이 모두 몇 명인지 알아요?"

나는 손을 들고 대답했다. "352명이요."

선생님은 깜짝 놀라서 그걸 어떻게 알았냐고 물으셨다.

혹시라도 오해할까 봐 말해두는데, 내가 한 번만 척 보면 모두 몇 명이 모여 있는지 정확히 맞힐 수 있는 천재적인 두뇌를 가진 자폐인은 아니다. 내가 학생 수를 알고 있는 진짜 이유는 밖에 나갈 때면 뒷사람을 위해 문을 잡아주는 게 예의라고 배웠기 때문이다. 개학 첫날 쉬는 시간이 됐을 때 나는 뒤에 오는 아이를 위해 문을 잡아줬다. 그러자 그 뒤에 있던 아이도 따라 나왔다. 그다음 아이도, 그 뒤에 오던 아이도. 전교생 351명이 내가 잡아준 문을 지나갔을 때 쉬는 시간은 이미 끝나 있었다.

아이들은 내게 눈길조차 주지 않았다.

고맙다는 인사도 없었다.

자폐 진단을 받은 뒤, 부모님은 나를 키우는 데 조금 더 노력을 기울여야 한다는 걸 깨달았다. 나는 보통 아이들과 다를 거고, 또래들처럼 친구와 잘 어울리지도 못할 거라는 걸 알고 계셨으니까. 혹시라도 왕따가 되진 않을지 걱정이 된 부모님은 내게 남들처럼 행동하는 법을 가르치기로 마음먹었다.

그래서 나는 '보통 사람처럼 행동하는 법'을 배웠다. 뒷사람을 위해 문을 잡아줘야 한다는 것과 거짓말은 하면 안 되지만 예의상 거짓말이 필요한 때가 있다는 것을 배웠다. 항상 예의 바르게 행동하고, 욕을 삼가며, 남들에게 너무 바싹 붙어 서지 말고, 남이 얘기할 때는 하던 말을 멈추고 들어야 한다고 배웠다.

이 모든 걸 다 배운 후 드디어 학교에 갔고, 나 말고 이런 걸 배우고 온 애는 한 명도 없었다.

'보통 아이'를 가진 부모들은 기본적인 예의범절을 안 가르쳤다. 굳이 가르치지 않아도 자식들이 어련히 알아서 잘 깨우칠 테

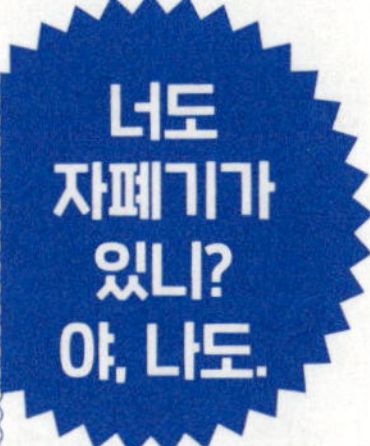

신경전형인과 자폐인은 분명 공통점이 많다. 하지만 모든 걸 다 종합해봤을 때, '약간 자폐 성향이 있다'거나, 내가 자주 쓰는 표현이지만 '자폐기가 있다'고 할 수는 없다. 사람은 자폐이거나 아니거나 둘 중 하나다. 너만 그런 거 아니라고 위로하기 위해 "나도 큰 소리 진짜 싫어해." 같은 말을 하는 사람도 있다. 하지만 이런 말은 자칫하면 자폐인이 매일 힘겹게 그런 현상과 싸워나가는 것을 별일 아니라고 치부하게 만들 위험이 있다.

자폐 성향이 있는 사람과 실제로 자폐 진단을 받은 사람은 하늘과 땅 차이다. 다른 신경학적 변이들과 마찬가지로 자폐도 대부분의 신경전형인과 같은 특성을 가진다. 다만 신경전형인이 느끼는 감정을 자폐인은 수십, 수백 배는 증폭된 형태로 느낀다. 세상 사람이 모두 자폐는 아니더라도, 신경전형인과 자폐인 사이에 공통점이 있다는 건 반가운 일이다. 그 둘 사이가 돈독해질 수 있을 테니까.

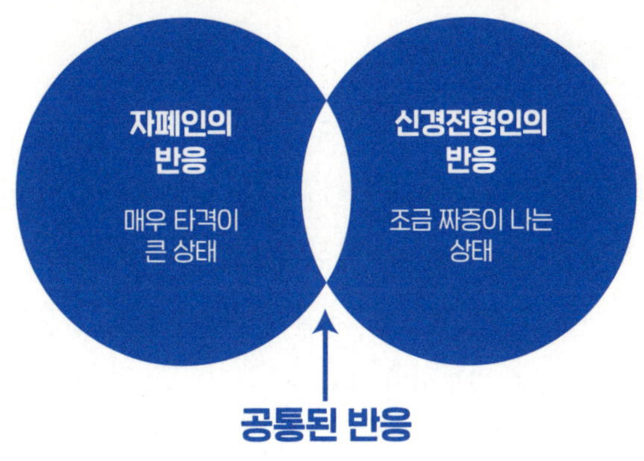

니까. 자녀가 자폐가 아니라면 굳이 이런 문제를 걱정할 필요가 없다고 생각한 게 분명하다. 온 세상이 날 속인 것 같았다. 다른 애들은 무례한데 왜 나만 예의 바르게 행동하는 걸 배워야 하지?

자폐를 가진 어린이로 살아간다는 건 참으로 힘든 일이다. 아주 최근까지, 아니 심지어는 지금도 일반 대중은 자폐에 대해 종종 오해를 하곤 한다. 심지어 나조차 그 나이 때는 자폐에 대해 제대로 몰랐다. 일례로 어렸을 때, 나는 자폐와 유당 분해효소 결핍증이 서로 어느 정도 연관이 있다고 생각했다. 아이스크림을 먹으면 별 이유 없이 내 기분이 처졌기 때문에 부모님은 아이스크림을 못 먹게 하셨는데, 어이없게도 나는 전혀 상관없는 이 둘을 머릿속에서 연결해버리고 말았다. 그래서 꽤 오랫동안 사람들이 내게 자폐가 뭐냐고 물으면 "우유를 못 마시는 거요"라고 대답하곤 했다.

이런 말도 곧잘 했다. "피자에서 치즈 빼주실래요? 제가 자폐라서 치즈를 못 먹어요."

봐서 알겠지만, 어릴 때의 나는 자폐 홍보 대사로는 영 꽝이었다. 어른이 되고 스탠드업 코미디언으로 살다 보니 인터뷰할 기회가 종종 생기는데, 그때마다 항상 "자폐가 뭔가요?"라는 질문을 받는다. 이제는 그 질문에 조금 더 잘 대답할 수 있다. 물론 여전히 대답하기 까다로운 질문이긴 하지만.

가장 손쉬운 대답은 자폐는 신경학적 변이 중 하나라는 것이다. 조금 더 일상적인 언어로 표현하자면 두뇌 회로가 다르다는 것이다. 보통 사람들, 즉 우리 자폐 사회에서 '신경전형인'이라고 부르는 사람들과는 정보를 인지하고 처리하는 방식이 다르다.

자폐는 꽤나 극단적이다. 어떤 것은 지나치게 많고, 어떤 것은 너무나 많이 모자라다. 사람들에게 인기가 많은 온라인 게임을 예로 들어보자. 게임 안에는 힘이나 민첩성 등 여러 가지 능력의 설정값이 나온다. 만일 당신이 그중 한 가지 능력치는 100퍼센트인데, 나머지 다른 능력치가 전부 15퍼센트라면 어떨 것 같은가. 자폐인이 된다는 건 그런 느낌이다. 심각한 불균형. 예를 들어 마음 내키는 대로 행동하고 싶은 욕구는 엄청나게 강한데 그런 충동을 억제할 사리분별력이 떨어질 수도 있다. 아니면 반대로 사리분별력이 지나치게 뛰어나서 혹시라도 일을 그르칠까 봐 아예 아무것도 못할 수도 있다. 시기는 달랐지만 두 가지 증상 모두 내가 겪어본 일이다.

때로는 자폐에 대해 논할 때 '고기능 자폐'니 '저기능 자폐'니 하는 용어를 쓰기도 하는데, 이는 자칫 잘못하면 그들의 지능이 높다거나 낮다는 오해를 불러일으킬 수 있다. 하지만 실상은 지능과 전혀 상관없는 말이다. 일상생활을 혼자서 충분히 꾸려갈 수 있는 사람인지, 혹은 일상생활에 얼마만큼 도움이 필요한 사람인지를 나타내는 거니까.

자폐에 대한 편견은 이 외에도 굉장히 많다. 예를 들어 자폐인은 남들의 생각을 알아차리지 못하고 타인의 감정에 무감각하다고 생각하는 사람들도 있다. 하지만 다른 자폐인의 얘기를 들어봐도 그렇고 나 자신의 경험에 비추어봐도 그렇지만, 사실은 그 반대다. 사람들을 대할 때면 모든 감정이 한꺼번에 쏟아져 들어오고, 혹시 벌어질지도 모를 앞일이 한꺼번에 눈앞에 펼쳐진다. 어떤 면에서는 발생 가능한 여러 개의 미래를 동시에 볼 수 있는 초능력자와 비슷하다고도 할 수 있다. 하지만 우리가 진짜 초능력자는 아니라

자폐인 성분표

1인분

	일일 사용량(%)
솔직함 총량	**110%**
의도된 솔직함	80%
의도치 않은 솔직함	30%
내향성 (I 체질)	**75%**
논리성	**95%**
굳은 의지	**100%**
집중력	100%
끈질김	100%
불안 초조	**85%**
저평가된 부분	**97%**
쿨내 진동	**12397%**

편견 없음	100%	관찰력	90%
특이함	89%	어색함	80%
독창성	100%	음흉한 저의	0%
대놓고 직진	100%	기발함	100%

자폐인은 대체로 주변 사람의 명성을 헐뜯지 않습니다. 인종, 성별, 나이, 그 밖에 다른 사항을 이유로 차별하지 않습니다. 출세라는 사다리를 올라야 한다고 남을 옥박지르지도 않고, 조직 내에서 지위가 높거나 부자라는 이유만으로 높게 쳐주지도 않습니다. 자폐인은 금전적·사회적·정치적 영향력에 좌우되지 않는 가치를 지니고 있습니다. 자신의 근무 속도를 조절할 수 있고, 각자의 성향에 맞게 혼자 일하거나 사회적 지지를 받을 수 있는 환경에서라면 일도 굉장히 잘 해냅니다.

> 자폐인의 성향에 따라 표기된 일일 사용량은 달라질 수 있습니다.

자폐인 성분표는 마이클 매크리어리—자폐 코미디언이 제작 및 소유하며, 모든 저작권을 가집니다.

서, 그렇게 감정과 생각에 매몰될 때마다 먼 우주로 순간이동 하 듯 도망치지는 못한다. 그러니 하는 수 없이 우리는 그저 스스로를 닫고 사람들을 멀리한다. 사람을 대하는 건 진이 빠지는 일이다. 사람들을 이해하려고 과도하게 애쓰다 보면 함께 있는 게 더 이상 즐겁지 않게 된다.

자폐가 있다는 건 컴퓨터 화면에 인터넷 창이 너무 많이 떠 있는 것과 비슷하다. 아니, 좀 더 정확히 표현하자면 끊임없이 새로 뜨는 광고 팝업창을 피해가며 인터넷 서핑을 하려고 애쓰는 것과 비슷하다. 뭐라도 하나 클릭할라치면 그 순간 바로 또 다른 팝업창이 뜬다.

예의 바르게 행동하다가 졸지에 학교 도어맨이 됐을 때 바로 깨달았어야 했지만, 내가 또래들과 꽤나 다르다는 사실이 이후 몇 년간의 학교생활에서 점점 더 확실해졌다. 어떤 아이들은 나를 배트맨의 집사인 알프레드라고 불렀다. 내가 꼭 학교 집사 같았으니까. 뒷사람을 위해 문을 잡아줬고, 항상 예의 바르게 굴었으며 고상한 말투를 썼다. 또한 아무리 사소한 일이라도 매번 미안하다고 사과했다. 그것도 진심으로. 부모님의 지도 덕분에 나는 친근하면서도 순박한 아이로 자랐다.

그런데 그게 문제였다. 요즘 사람들은 더 이상 친근하고 예의 바르게 행동하지 않았다. 아이들은 번번이 사과하는 나를 착한 척하는 가식덩어리라고 여겼다. 온갖 범죄 드라마가 판치는 세상에서 '친절한' 사람은 뭔가 수상쩍은 사람으로 몰리기 쉬운 것이다. 내가 살고 있는 토론토만 해도 그렇다. 거리에서 마주친 사람에게 미소를 지어 보이면 사람들이 이상하게 쳐다본다. 그 표정은 이런 뜻이다. "안 삽니다. 꺼지세요! 별 이상한 사람 다 보겠네."

> 자폐가 있다는 건 마치 컴퓨터 화면에 인터넷 창이 너무 많이 떠 있는 것과 비슷하다.

하지만 초등학생이던 나는 다른 아이들이 저렇게 생각하는 줄 전혀 몰랐다. 오히려 아이들과 제법 잘 지내고 있다고 생각했다. 학교에서 나는 자폐인임을 숨기지 않았다. 반 친구들에게 내가 자폐라는 걸 얘기했고, 그게 어떤 건지 설명하려 애썼다. 자연히 아이들은 집에 가서 부모님에게 내 얘기를 했고 곧 아주 엉뚱한 오해를 한 채 학교로 돌아왔다. 점잖게 표현하자면, 아이들은 내가 그다지 상황 파악이 빠르지 않다는 걸 눈치챘다. 어찌 된 영문인지 몰라도 내게 무슨 짓을 하더라도 들키지 않을 거라는, 나는 아무것도 모를 거라는 인식이 아이들 머릿속에 박혀버렸다.

사람들과 얘기하다 보면 가끔 그들의 말과 몸짓 언어가 다를 때가 있다. 이런 순간이 자폐인에게는 무척 힘들다. 그들의 진의를 파악하는 게 어렵기 때문이다. 상대방이 날 바보라고 놀리면서도 미소를 짓고 있으면 난 이렇게 생각한다. 저 사람은 좋은 사람인데 지금 장난을 치는 거구나. 누가 나를 진짜로 놀리는 건지 아닌지 구분하는 게 내게는 참 어려웠다. 종종 다른 사람이 알려주어야 깨닫고는 했다.

3학년 때 일이다. 운동장에서 한 녀석이 내 얼굴에 눈덩이를 던지고 있었다. 녀석이 계속 내 얼굴에 눈을 던지면서 "괜찮아, 우리 눈싸움하는 거잖아"라고 말하던 게 기억난다. 문제가 많은 상황이었다. 일단 공평한 눈싸움이 아니었다. 때는 3월이었고 우리가 서 있던 스케이트장 뒤편에는 오직 그 녀석 옆에만 눈덩이가 수북하게 쌓여 있었기 때문이다.

그때 형 앤드루가 녀석의 뒤에서 나타났다. 형은 복수심에 눈을 빛내며 손가락을 입술에 댔다. 그건 '쉿! 조용히 해'라는 뜻이었다. 형은 녀석에게 살금살금 다가가 정강이를 냅다 걸어차더니 말했다. "다시는 동생 근처에 얼씬도 하지 마!"

녀석은 그 말대로 했다. 그 후로 다시는 그애를 볼 수 없었다. 형은 나한테도 충고했다. "쟤랑 아니, 쟤뿐만 아니라 저런 놈들하고는 말도 하지 마. 겉으로는 너한테 잘해주는 척하지만 사실은 아니야. 웃으면서 친절하게 말한다고 그걸 다 믿으면 안 돼.”

안타깝게도 이 좋은 충고를 처음 들었을 때는 온전히 이해하고 받아들이지 못했다. 오랜 시간, 그것도 아주 힘들게 시달린 뒤에야 누가 날 속이는 건지 아닌지 알아챌 수 있게 됐다. 남에게 맞서서 나를 지키는 법을 깨닫기까지는 그보다 더 오랜 시간이 걸렸고 말이다.

공연 잘해!

무대에 서는 걸 줄곧 좋아했던 이유는 사람들이 나를 어떻게 생각하는지 확실히 알 수 있기 때문이다. 상대방이 나랑 같이 노는 건지 아니면 나를 가지고 노는 건지 구분하는 게 어려운 나 같은 사람은 오히려 관객 앞에 설 때 엄청나게 안심된다. 관객들은 나를 좋아하는지 싫어하는지 반응을 바로바로 보여주니까. 나는 운 좋게도 공연하는 즐거움에 일찌감치 눈을 떴고, 무대는 곧 안전한 피난처가 됐다.

아쉽게도 내 첫 공연 무대는 그다지 성공적이지 못했다. 여섯 살 때 부모님은 나를 재즈와 탭댄스 학원에 보내주셨다. 선생님과 수강생들은 뮤지컬 〈시카고〉를 기반으로 한 댄스 공연을 정성 들여 준비하면서, 구석에서 트랜스포머 흉내를 내곤 했던 나를 그냥 내버려뒀다.

그러고 보니 그 댄스 학원 때문에 공연을 영영 포기할 뻔했던 일이 있었다. 댄스를 싫어해서가 아니었다. 공연이 있던 날 밤 어떤 수강생 형이 내 형광 주황빛 멜빵을 보고 바보 같다고 말했기 때문이다. 우습게 들릴지도 모르겠지만, 고작 여섯 살에 나는 벌써 예술가의 자존심을 가지고 있었다. 예술가의 자존심이란 스테인드글라스 그림 같은 것이다. 사람들이 바라봐주길 바라면서도 굉장히 깨지기 쉽다는 점에서.

그 자리에서 당장 그만두는 대신 나는 수강생 아이들과 함께 무대에 올랐다. 음악이 시작되고 모두가 자세를 잡았지만, 나는 장장 8분 동안 팔짱을 낀 채 무대 한가운데에 앉아 있었다. 그 일을 계기로 부모님은 학원에서 날 빼내셨다.

그렇게 무대를 깽판 친 건 바보 같은 일이었다. 무대를 사랑하는 이들의 공연 경험을 망친 거니까(그 일로 주황색이 싫어지기도 했고. 솔직히 원색을 섞은 이차색 중에서 주황색이 제일 안 예쁘긴 하다). 게다가 자기가 싸움을 걸었다는 것도 모르는 상대방에게 승리라는 만족감을 준 셈이었다. 다시는 허무하게 질 수 없었다. 그 이후로는 실패할 때마다 내 행동에 책임을 지려고 노력했다. 결과적으로는 잘된 일이었다. 실패를 꽤 많이 했으니까.

내가 했던 첫 번째 연극 〈아기 예수 탄생 이야기〉를 예로 들어 보자. 우리 집 근처에 있는 바이블 교회에서 크리스마스 즈음 아주 시의적절하게 기획한 연극이었다. 나와 이름이 같은 마이클이라는 친구가 양 역할이었고 나는 그 양을 치는 목동을 맡았다. 목동은 대사도 없었고, 무대 동선도 간략했다. 양을 몰고 아치를 통과한 다음 무대 왼쪽으로 가서 아무것도 안 하고 가만히 있기만 하면 됐다. 허들로 치면 극히 낮은 것이었지만, 우리 집안이 다들 숏다리라서 그런지 나는 그 낮은 허들에도 걸려 넘어지고 말았다.

양 역할을 하는 마이클을 데리고 아치를 통과하는 게 아니라 빙 돌아서 무대로 들어선 것이다. 그러고는 곧 덤덤하게 외쳤다. "어떡해! 아치를 통과 안 하고 그냥 지나가버렸어."

신기하게도 관객들은 내가 무대에서 실수한 것을 좋아해줬다. 심지어는 목사님마저도(목사님은 그다지 깐깐한 사람이 아니었기 때문에 큰 걱정은 안 됐다). 아주 잠깐이지만 사람들이 내게 보낸 환호를 한번 맛보자 안달이 났다. 무대에 또 서고 싶었다! 천우신조로 그해에 크리스마스 기적이 일어났다. 학교 연극을 하게 된 것이다.

제목은 잘 기억이 안 나지만, 되바라진 공주가 강도들에게 성을 약탈당한 후 농부들과 살면서 겸손을 배우게 되는 우화였다. 내 역할은 농부 중 한 명이었는데 대본에도 그냥 '아버지 농부'라고만 적혀 있었다. 이번 역할은 지난번보다 조금 더 복잡했다. 대사가 한 줄도 없었던 지난번과 달리 이번에는 세 줄이나 됐다. 대사를 까먹을까 봐 걱정이 되진 않았다. 관객은 대부분 학부모였는데, 학부모들은 아이들이 대사 실수를 하면 좋아서 껌뻑 넘어간다는 걸 알고 있었으니까.

공연 날 밤이 되었다. 이제 곧 내가 멋지게 등장할 차례였다. 내 부인 역할을 하는 여자애가 자기 대사를 완벽하게 해냈다. "여보, 농사는 잘됐어요?"

잠깐의 정적이 흐른 후.

"대사 까먹었어." 그렇게 말하고는 히죽히죽 웃었다.

관객은 열광했다. '오, 이거 기분 좋은데.' 나는 생각했다.

정말 대단하게도 부인 역을 맡은 여자애는 억지로 미소 지으면서도 침착함을 유지했다. "당신도 참, 이상한 말도 다 하네. 진짜로, 농사는 어떻게 됐어요?"

여기에서 또 대사를 까먹었다고 하면 관객들이 더 좋아하리라는 걸 나는 본능적인 코미디언의 감각으로 알고 있었다.

"미안. 그래도 대사가 기억이 안 나!"

더 커다란 웃음소리. 나는 관객을 손안에 넣고 쥐락펴락하고 있었다. 그 황홀했던 45초 동안 시간이 멈춘 듯했고 나는 더 이상 부모님에게 인정받길 바라며 수줍게 미소 짓는 초등학생이 아니었다. 나는 한 사람의 당당한 코미디언이었다.

공연이 끝나고 나자 내가 뭘 사랑하는지 확실히 깨달았다. 긴장감 넘치는 공연의 묘미, 그리고 부인 역을 했던 여자애. 그전에도 그애와 친하게 지내긴 했지만, 연극에서 부부로 호흡까지 맞췄으니 천생연분 같았다. 모두 이렇게 연애를 시작하는 줄 알았다. 서로 사랑하는 척하다 보면 결국엔 거기에 너무 익숙해진 나머지 진짜로 사랑하게 되는 거라고. 이제 와 생각해봐도 그렇게 틀린 말 같지는 않다.

연극은 결국 다른 사람인 척하는 가짜니까, 연극 말고 현실에서 진짜로 데이트를 해야겠다고 생각했다. 그애에게 데이트 신청을 하기 위해 반 친구들이 모두 보는 앞에서 템테이션스의 〈사랑 앞에서 자존심은 버렸어Ain't Too Proud to Beg〉를 음정까지 틀려가며 불러줬다. 착해서였는지 창피해서였는지, 그애도 거절하진 않았다.

초등학교 3학년은 연애하기에 좀 이른 거 아니냐고 한다면, 맞는 말이다. 확실히 반 친구들은 연애에 별 관심이 없었다. 영화를 보다가 분위기가 로맨틱해지려고 하면 다들 토하는 시늉을 하곤 했으니까. 하지만 인간이 가진 감정의 폭을 제대로 이해하지 못했던 나는 '보통' 사람들이 어떻게 행동하는지를 영화로 배웠다. 어릴 때부터 로맨스 영화를 좋아했고, 종종 영화를 보며 진짜로 마음 아파하기도 했다. 내가 본 영화에서는 항상 20대 배우들이 고등학생 연기를 하면서 "넌 언제쯤 여자친구를 사귈 거냐?" 같은 대사를 내뱉었기 때문에 '나도 서둘러야겠는걸'이라고 생각했다. 그래서 남들보다 이른 열 살의 나이에 우리 반에서 제일 먼저 여자친구를 얻은 나 자신이 참으로 대견했다.

시내에서 가장 멋진 패밀리 레스토랑인 '이스트사이드 마리오'에 우리를 데려다달라고 엄마에게 부탁했다. 나한테는 저녁과 영화를 한 번에 해결할 수 있는 쿠폰이 있었기 때문에 그곳이 딱 안성맞춤이었다. 우리는 무제한으로 제공되는 마늘빵을 잔뜩 먹고, 먹다 남은 건 몰래 싸가지고 극장 안에 들어가서 〈슈렉 3〉을 봤다.

다음 날, 날아갈 듯 째지는 기분으로 학교에 갔다. 그 어느 것도 내 기분을 망칠 수는 없을 것 같았다. 하지만 다음 순간, 하늘이 무너져내렸다. 여자친구가 날 차버린 것이다. 내가 모두에게 우리가 사귀는 사이라고 말했기 때문이라나. 그애는 우리가 사귀는 사이인 줄 몰랐던 모양이다.

여기에서 얻을 수 있는 교훈이 두 가지 있다. 데이트를 할 때는 〈슈렉 3〉을 보지 말 것.

그리고 이게 데이트라는 걸 두 사람 모두 알고 있는지 반드시 확인할 것.

한편 연기 쪽도 상황이 별로 좋지 않았다. 대사 실수로 반짝 인기를 얻은 후 어서 새 연극을 하고 싶어서 안달이 났다. 그래서 선생님께 "다음 공연은 언제예요?" 하고 물었다. 알고 보니 우리 학교에는 당분간 연극 공연 계획이 없었다.

이럴 수는 없는 일이었다. 나는 직접 연극 대본을 쓰기로 마음먹었다. 그날 밤 집에 가자마자 아빠를 앉혀놓고 대본을 불러주기 시작했다. 이곳 오렌지빌 주민들에게 대대손손 영감을 불러일으킬 명작을 만들고 싶었다. 마을 도로 한복판에 나를 기리며 동상도 세우리라.✦

✦ 실제로 오렌지빌에서는 관광객을 붙잡아두기 위해 길 한복판에 동상을 세웠다. 사람들이 도무지 오렌지빌에 들를 생각을 안 하니까 그거라도 와서 보라는 의미였다. 그래서 분수대와 시계탑과 마을 설립자인 오렌지 로런스 경의 동상, 이 셋을 도로 한가운데에 줄줄이 박아놨다. 관광객을 잡아두는 데는 성공했지만, 구급차라도 뜨는 날에는 난리가 난다.

"자폐라는 거 다 가짜야."

바로잡습니다: 유튜브 댓글 그만 읽으세요.

"자폐인들은 남과 어울리는 걸 싫어하지 않나? 연애도 안 하고."

바로잡습니다: 자폐인도 사람들과 만나는 걸 좋아해요. 다만 각자의 성향은 달라요. 어떤 사람은 일대일로 만나는 걸 선호하고, 어떤 사람은 실제 대면하는 것보다 영상 통화가 더 편한 법이죠.

"자폐인은 거짓말 못 한다던데."

바로잡습니다: 자폐인들은 굉장히 솔직해요. 자신이 생각하는 바를 바로 말하죠. 하지만 종종 거짓말도 한답니다. 대개는 뭔가를 하기 싫은데 왜 그런지 설명하기 힘들 때 그걸 둘러대기 위해 거짓말을 해요.

"자폐를 가진 이들은 수학하고 과학을 좋아하는 괴짜 천재들이래."

바로잡습니다: 사실과 다릅니다. 저만 봐도 알 수 있어요. 수학을 얼마나 못했던지, 선생님들이 수학 시험 후 학생들에게 참가상을 나눠주기 시작한 게 저 때문이라니까요.

"자폐를 가진 이들은 유머 감각이 없어."

바로잡습니다: 거북하군요! 우리도 유머 감각이 있거든요. 하지만 농담은 대개 말장난이나 풍자가 섞여 있잖아요. 우리처럼 말을 곧이곧대로 받아들이는 사람들은 그런 것에 약하답니다. 어쩌면 당신이 한 농담이 재미없어서 안 웃은 것일 수도 있고요.

우리 3학년 반 친구들이 공연하게 될 엄청난 대작을 기필코 쓰고야 말리라 굳게 다짐한 나에게, 당시에 막 개봉한 〈보글보글 스폰지밥〉 영화가 번뜩이는 영감을 주었다. 무엇 때문인지는 모르겠지만 나는 조연 캐릭터 데니스에 팍 꽂혀버렸다. 데니스는 영화배우 알렉 볼드윈이 목소리 연기를 한 물고기였는데, 스폰지밥과 불가사리 뚱이를 죽이기 위해 악당 플랑크톤이 보낸 현상금 사냥꾼이었다. 〈보글보글 스폰지밥〉에서 데니스가 고작 조연에 머무르다니, 정말이지 말도 안 되는 일이었다. 그런 연유로 나는 〈보글보글 스폰지밥〉의 연극판을 만들게 됐다.

여기에는 정밀하게 조율해야 하는 자잘한 장애물이 굉장히 많았다. 일단 연극을 올릴 수 있게 해달라고 선생님을 설득해야 했다. 다행히도 담임선생님은 아주 좋은 분이셨다. 올해로 벌써 2년째 나를 맡는 터라 내가 어떤 어려움을 겪는지 잘 알았고, 특히 산수아 과학에 약하다는 걸 꿰뚫어보셨다. 선생님은 내가 힘들어하는 걸 깊이 공감해줬고, 어떻게든 스스로 새로운 학습 전략을 찾아 문제를 해결해나가도록 도와주셨다. 이 연극이 내 인생에 분수령이 될 수도 있다는 걸 선생님도 깨달으신 듯했다. 예술가의 탄생을 목도한 선생님은 나를 적극 지지해주셨다. 그 점은 지금도 감사하게 여기고 있다.

"여자는 자폐가 될 수 없다던데."

바로잡습니다: 잘못 알려진 겁니다. 자폐의 양상은 여자와 남자에게서 다르게 나타납니다. 그래서 꽤 많은 수의 여성 자폐인들이 모르는 채 지내다 나이가 들어서야 자폐로 진단받습니다. 진단할 때 의사들이 많이 사용하는 신경학 모델이 남성이라는 점도 여성 자폐인의 진단율이 낮은 이유 중 하나죠.

"자폐인은 감정을 못 느끼잖아."

바로잡습니다: 저기요, 우리는 외계인이 아니거든요. 전에도 말했지만 한 번 더 말할게요. 사람들은 공감이라는 개념을 오해하고 있어요. 감정을 겉으로 드러내지 않는다고 해서 아무것도 못 느끼는 목석은 아니에요. 저로 말씀드릴 것 같으면 무려 SF 영화 〈스타 트렉 2: 칸의 분노〉를 보고 울었던 사람이랍니다.

"자폐를 가진 사람은 엄청 잘생겼어."

바로잡습니다: 아니, 바로잡을 게 없네요. 딱 맞는 말씀입니다.

다음으로는 반 친구들을 끌어들이고 각자에게 딱 맞는 배역을 나눠줘야 했다. 매일 밤 집에서 펜을 든 아빠한테 대본을 구술했고, 낮에는 학교에 가서 반 친구들의 호응이 얼마나 열정적인지 가늠해봤다. 도대체 이딴 걸 왜 하냐고 핀잔을 주는 녀석에겐 대사가 "저런" 딱 한 마디인 단역을 줬다. 어느 정도 관심을 보이는 아이들에게는 대사를 열 줄 정도, 의욕이 충만한 아이들에게는 스물다섯 줄 정도를 줬다.

물론 데니스 역할은 내가 맡았다. 난 연극을 성공시킬 자신이 있었다. 하지만 데니스의 대사가 제일 많으면 안 됐다. 제목에도 떡하니 나와 있는 스폰지밥보다 내 대사가 더 많으면 누가 주인공인지 헷갈릴 수 있으니까. 데니스가 최고의 캐릭터라는 생각에는 여전히 변함이 없었지만, 주류인 일반 관객들은 나와 생각이 다를 수도 있다. 그래서 나는 작가주의 감독이라는 자부심을 잠시 내려놓고 타협했다. 모든 대사를 하나하나 세어보고 조율해서 스폰지밥에게 제일 많은 157줄을 줬다. 반면 데니스는 달랑 156줄에 그쳤다. 데니스는 또한 첫 장면 빼고 연극 내내 나왔다.

스폰지밥 역할을 뽑는 게 가장 어려웠다. 스폰지밥을 연기하고 싶어 하는 반 친구가 두 명 있었지만 이 친구들이 157줄이나 되는 대사를 모두 다 외울 수 있을지 걱정이 됐다. 그래서 연극을 2막으로 나누어 한 명은 1막에서, 나머지 한 명은 2막에서 각각 스폰지밥을 맡게 했다. 연극이 진행되는 그 짧은 시간에 스폰지밥이 30센티미터나 훌쩍 자랐다는 사실을 관객들이 이해할 수 있느냐 하는 문제가 남았지만. 뭐, 어쩌겠는가.

부모님은 나를 위해 이 프로젝트에 전력을 다해주셨다. 아빠는 내가 구술하는 대본을 받아적었고, 엄마는 연기자들이 입을 무대 의상을 전부 만들었다. 선생님께도 특별히 감사를 드려야 한다. 해면동물이 나오는 만화 쪼가리의 팬픽션을 45분짜리 연극으로 만들어서 공연할 수 있게 허락해주는 선생님은 결코 흔하지 않으니까.

대본 리딩과 드레스 리허설을 각각 한 차례씩 끝내고 드디어 공연 날이 되었다. 반 친구들은 무대 의상을 입은 채 흥분해서 들떠 있었다. 연극 장면이 바뀔 때는 막간을 채우기 위해 영화의 사운드트랙을 틀려고 교실 한쪽에 작은 붐박스도 설치했다. 관객이라고는 담임선생님과 비디오카메라를 들고 있는 부모님 단 세 명뿐이었지만, 모두들 흥분된 긴장 속에 공연이 시작되기를 기다렸다.

1막은 매끄럽게 진행됐다. 다들 손에 대본을 쥐고 있었지만 그건 별로 중요하지 않았다(몰랐는데, 대본을 외운다는 게 초등학교 3학년에게는 쉬운 일이 아니었다). 대본을 들고 있을 필요가 없는 유일한 배우로서, 내가 집필한 연극에서도 아이들에 맞춰 어떻게든 애드리브를 했다.

이야기가 절정에 다다랐을 때 스폰지밥과 패트릭은 내 캐릭터인 데니스를 완전히 박살 냈고, 나는 초주검이 되어 바닥에 쓰러졌다. 이 기세를 몰아서 스폰지밥이 멋지게 노래를 부를 차례였다. 1980년대 어느 헤비메탈 밴드의 노래를 패러디한 거였다. 그런데 2막을 맡은 스폰지밥이 가사를 까먹어버렸다. 아니, 손에 쥐고 있는 그 대본에 가사도 다 적혀 있는데 이걸 왜 못 하냐고! 답답함을 참지 못한 나는 결국 벌떡 일어나 무대 앞으로 달려가서 크게 노래를 부르기 시작했다. 아마 모두들 의아했을 거다. 죽은 사람이 살아나서 노래를 부르고 있으니. 이야기가 개판이었다.

3학년짜리가 마음대로 전권을 휘두른 것치고 연극은 대성공이었다. 부모님은 환하게 웃으며 날 자랑스러워하셨고 나도 날아갈 듯 기뻤다. 무언가를 스스로 만들고 다른 사람과 공유하는 기분은 정말이지 굉장했다. 그해 말에 학교에서 '노력상'도 수상했다.

안타깝게도 이 연극은 세월의 흐름 속에 소실된 수많은 역작과 같은 운명이 되고 말았다. 바로 이전에 카메라를 사용한 사람이 야간 투시경 모드로 해놓은 걸 몰랐던 것이다. 부모님이 녹화한 연극 영상은 남아 있지만, 색이 모두 반전된 상태였다. 엉겁결에 제작된 초등학교 3학년생의 예술 영화랄까.

혼자서 대본도 쓰고 연극도 직접 해봤으니, 이제는 학교 담장을 넘어서 내 재능을 펼치고 싶었다. 나는 오렌지빌 청소년 극장에서 연기를 시작했는데 제인 캐머런이라는 훌륭한 감독이 운영하는 곳이었다. 그녀는 프로그램에서 다양한 연극을 시도했다. 〈이상한 나라의 앨리스〉 같은 전형적인 아동·청소년극뿐 아니라 기존 아동극의 방식을 정교하게 해체하는 실험극도 직접 집필해서 선보였다. 캐머런 감독은 연극에 참여하는 모두가 같은 분량의 대사를 소화할 수 있게 세심하게 신경 썼고, 배우들이 연기 실력을 갈고닦을 수 있도록 일대일 지도도 마다하지 않았다. 멘토로서도 훌륭했지만 친구로서도 더할 나위 없었다.

그런데 청소년 연극을 하다 보면 으레 꼭 한 번쯤은 마주치는 장면이 있다. 2막이 끝날 무렵 대개 커다란 반전이 밝혀진 다음에 나오는 장면인데, 배우들이 모두 무대 위에 반원을 그리며 선 채로 각자 한 줄씩 대사를 이어간다. 끔찍하기 그지없다. 모든 아동·청소년극에 약방의 감초처럼 빠지지 않고 들어가는 이런 장면에서 대사를 까먹는 사람이 꼭 한 명은 나오기 때문이다. 이건 배우들이 대충 장난스레 얼버무리며 넘어갈 수 있는 실수가 아니다. 대사를 까먹은 배우가 정신 차리고 다음을 이어갈 때까지 나머지 배우들은 영원과도 같은 시간을 그저 무대 위에서 멍하니 보내야 하기 때문이다. 단 한 명만 대사를 까먹어도 이 지경인데, 하물며 여럿일 때는 어떻겠는가!

스폰지밥 연극에서 노래 가사를 까먹은 친구 때문에 얼마나 답답했는지 모른다. 그 답답함은 청소년 연극에서 배가됐다. 제발 모두가 대사를 외워 오기만 바라야 하고, 혹시 누가 대사를 까먹어도 속수무책으로 지켜볼 수밖에 없다니 아주 돌아버릴 지경이었다.

연기하는 건 너무 재미있지만 어쩌면 단체극은 내게 맞지 않을지도 모른다는 생각이 들었다. 다른 배우에게 의지해야만 하는 상황이 결코 익숙해지지 않았다. 그래서 혼자 할 수 있는 예술이 뭐가 있을까 알아보기로 했다. 내가 상황을 혼자 조율할 수 있는 예술 말이다. 두 가지 선택지를 생각해냈는데, 둘 다 '캘리포니아 레이즌스'라는 그룹과 연관이 있었다.

모르는 사람을 위해 설명하자면, 캘리포니아 레이즌스는 점토 애니메이션으로 만든 리듬앤드블루스R&B 그룹으로 건포도를 의인화한 캐릭터였다. 1980년대에 건포도 판매 촉진을 위해 마케팅 회사에서 고안한 것이다. 이들은 텔레비전 광고며 각종 프로그램에도 등장했고, 이들의 모양을 본뜬 장난감과 액세서리 등 캐릭터 상품도 있었다. 정말로 대단했다. 안 봤으면 설명해도 모르겠지만. 인생을 통틀어 내가 집착했던 수많은 것들 중 그 시절 가장 빠져 있는 것이기도 했다.

집착이라는 건 근본적으로 무언가를 사랑한다는 뜻이다. 취미가 있거나 뭔가에 열정을 가진 사람들은 많다. 하지만 자폐인이 하는 모든 행동 뒤에는 집착이라는 원동력이 있다. 그 집착은 프로레슬링이나 제1차 세계대전 전투기일 수도 있고, 곤충이나 코닥 카메라일 수도 있다. 뭐가 됐든 조사하고 분류해서 체계화할 수 있는 거라면 우리는 좋아한다. 반면 단점도 있다. 만일 자폐인에게 "넌 뭘 좋아하니?"라고 묻는다면 몇 시간이 금방 사라지는 마법을 경험하게 되리라.

> **만일 자폐인에게 "넌 뭘 좋아하니?"라고 묻는다면 몇 시간이 금방 사라지는 마법을 경험하게 된다.**

어떤 사람들은 비틀스를, 어떤 사람들은 롤링스톤즈를 사랑한다. 내게는 캘리포니아 레이즌스가 있었다. 이들이 출연했던 〈음악의 이면〉 다큐멘터리는 비디오테이프가 끊어질 때까지 돌려봤다. 그 순간 나는 새로 좋아하게 된 두 가지 중 하나를 골라야 한다는 것을 깨달았다. 노래가 가진 힘이냐, 아니면 마법 같은 스톱모션 애니메이션이냐. 어느 눅눅했던 4월의 아침, 일회용 카메라 앞에서 20분 동안 찰흙 두 봉지를 주물럭거리던 나는 차라리 스티비 원더의 노래를 부르는 게 더 낫겠다는 결론에 도달했다.

이번에는 장기자랑 대회에 자원해서 이름을 적어 냈다. 이름을 전부 대문자로 썼는데 마이클의 L 대신에 느낌표를 넣었다. 그게 멋져 보였기 때문이다. 하지만 노래하는 건포도 그룹도 멋지다고 생각했던 터이니, 내 안목은 그다지 믿을 만한 게 아닐 수도 있다.

우리 학교에서는 장기자랑을 조금 색다른 방식으로 진행했다. 장기자랑 대회는 모노아마란스 공립학교Mono Amaranth Public School의 앞글자를 따서 맵스 아이돌MAPS IDOL이라고 불렀는데, 당시 인기 프로그램이었던 〈아메리칸 아이돌〉을 흉내 낸 학교 비전이었다. 심지어 고등학교 즉흥 연기팀으로 이루어진 심사위원단도 있었는데, 하나같이 독설로 유명한 영국 심사위원 사이먼 코웰 흉내를 냈다. 그건 정말 웃겼다. 진짜 사이먼처럼 독설을 늘어놓는 건 금지됐기 때문에 공연을 볼 때마다 그 사람 말투로 "아주 좋아요!"를 외쳐댔다.

나는 무대에 올라 유일하게 아는 노래 〈사랑 앞에서 자존심은 버렸어〉를 불렀다. (사귀기도 전에 나를 찼던) 전 여자친구는 이 노래를 별로 안 좋아했지만, 관객은 그다지 싫어하는 것 같지 않았다. 심지어는 스튜던트 초이스 어워드도 수상했다! 음정이 심하게 불안했다는 걸 감안하면 정말 대단한 일이었다.

엉망진창 정의의 사도

3학년 때, 동급생 하나가 눈싸움 하고 노는 거라고 말해놓고 내 얼굴에 눈을 던지며 괴롭혔던 일을 기억할 거다. 씁쓸하지만 그런 일은 이후로도 빈번히 일어났다. 내가 얼굴 표정이나 몸짓 언어, 목소리 톤의 변화를 잘 읽어내지 못한다는 걸 귀신같이 알아차리고 나를 이용하려 든 아이들도 있었다. 정말 슬픈 점은 나는 그런 사실을 까맣게 몰랐다는 거다.

일례로 청소년 극장에 있을 때, 나와 종종 농담을 주고받던 아이가 있었다. 나는 우리가 친하게 잘 지낸다고 생각했다. 그런데 하루는 우리를 지켜보던 선배 배우가 그 아이를 따로 불러내더니 엄하게 경고했다. "다시는 마이클한테 그딴 식으로 말하지 마." 친구라고 생각했던 그 아이가 사실은 계속 나를 놀린 것임에도 녀석이 내내 미소 짓고 있었기 때문에 나는 그렇다는 사실을 꿈에도 몰랐다.

절망적이었다. '아니, 왜 청소년 극장에서조차 놀림을 당해야 하지? 쟤들이나 나나 다 찌질한 연기 덕후인 것 아니었어?'

하지만 이런 일은 또 벌어졌다. 이번에는 사촌네 집에서였다. 이번에도 역시 나는 사촌과 즐겁게 놀고 있다고 생각했다. 전에는 사이가 좀 안 좋았지만 그 사이에 사촌이 많이 바뀌었구나 생각했다. 전혀 아니었다. 나는 술래가 된 줄 알고 눈을 감은 채 숫자를 셌지만, 실상 그건 "마이클이 눈 감고 백만까지 숫자를 세는 동안 우리끼리는 몰래 마리오 카트를 하자"는 게임이었다. 결국 20분쯤 지났을 때 삼촌이 사촌을 불러내서 따끔하게 혼냈다. "어떻게 네 사촌한테 그럴 수가 있니?"

차라리 모르는 게 더 나았을 뻔했다. '그냥 꿈꾸게 놔둬요! 거짓된 세상 속에서라도 행복하게 살래요!'라고 생각하기도 했다. 나를 좋아하는 줄 알았던 사람들이 실은 나를 가지고 놀았다는 걸 남을 통해 알게 되는 건 정말이지 가슴 아픈 일이었다. 시간이 흐를수록 나도 점점 사람들을 멀리하게 됐다. 누구를 믿어야 하는지 도통 알 수가 없었으니까.

이런 일이 하도 많이 일어나니 6학년이 됐을 무렵에는 더 이상 남들이 지적해줄 필요가 없었다. 누가 나를 놀리는 건지 아닌지 바로 눈치챌 수 있었다. 친구들이, 아니 내가 친구라고 생각했던 아이들이 나를 가지고 놀려는 조짐이 보이면 나는 즉시 그들에게서 멀어졌다. 어느 누구도 믿을 수가 없었기에 나는 점차 모든 인간관계를 차단했다. 솔직히 말하자면 사람들이 미웠다. 그래서 자발적 외톨이가 되었다. 남들 눈에 띄지 않게 배경 속에 녹아들었다.

그러던 것이 중학교 1학년 때, 변화의 바람이 불었다.

나 말고도 자폐를 가진 다른 아이들이 우리 학교에 다니기 시작한 것이다. 학교 아이들은 나를 대하던 것과 마찬가지로 다른 자폐아들에게도 함부로 굴었다. 나는 다짐했다. '더 이상은 못 참아. 자폐인들을 위해 내가 나서겠어. 이건 내 운명이야. 자폐 공동체가 꼭 필요로 하는 영웅이 되겠어.'

그 당시 나는 혼자만 옳다는 아집으로 머리가 꽉 차 있었다. 사실 우리 학교에 자폐아는 나까지 모두 네 명뿐이었으니, 자폐 '공동체' 운운할 숫자도 아니었다.

나는 스스로 자폐 자경단원이 되었다. 이쯤에서 확실히 말해둘게 있다. 앞으로 털어놓을 얘기들은 결코 자랑스러운 것이 아니다. 내가 한 짓에 스스로 면죄부를 줄 생각도 전혀 없다. 그러니 절대로 내가 했던 것들을 따라 하지 말길 바란다. 내가 끝내주게 멋져 보이더라도.

보충 설명을 하자면, 내가 다니던 곳은 학생들이 서로를 배려

해주고 사려 깊게 행동하는 모범 학교는 아니었다. 자폐아들이 괴롭힘을 당했던 건 물론이요, 다른 아이들도 성별·인종·장애 등을 이유로 온갖 종류의 차별주의자들에게 시달렸다. 예를 들어 반 친구 한 명은 핼러윈 행사 때 우스꽝스럽게 중국인 분장을 했다. 중국 사람도 아니면서. 선생님들은 아이들이 남을 비하하고 놀리는 걸 어떻게든 막으려고 최대한 애를 썼지만 한계가 있었다. 복도와 운동장은 온갖 쪼잔한 인종차별주의자들과 마약 흉내를 내며 가루사탕을 코로 들이마시는 얼간이들로 넘쳐났다.

그중에서도 해럴드는 이런 찌질한 놈들과는 차원이 달랐다. 일단 그애는 학교에서 가장 인기가 많은 아이였다. 카리스마도 있고 운동도 잘하는 데다가 모범 학생이었다. 도무지 못 하는 걸 찾으려야 찾을 수가 없는 '엄친아'였다. 누구나 다 해럴드가 멋지다고 생각했고, 심지어는 학부모들도 그애를 좋아했다. 우리 엄마도 학부모회 모임에 갔을 때 다들 해럴드가 얼마나 훌륭한 학생인지 얘기하기 바빴다고 한다.

하지만 나는 매일 해럴드와 같은 버스를 타고 하교했기 때문에 그애의 진짜 얼굴을 알았다. 해럴드는 삼류 일진처럼 면전에 대고 욕을 하지는 않았다. 그런 행동은 너무 천박해 보인다고 생각했으니까. 해럴드는 그보다는 한니발 렉터처럼 소름 끼치는 유형이었다. 한니발처럼 인육을 먹지는 않았지만, 사람 화를 돋우고 기분 잡치게 하는 데는 일가견이 있었다. 아이들의 인기와 관심을 한 몸에 받았으니 매일 하교하는 버스 안은 흡사 팬미팅을 방불케 했고, 해럴드는 반 친구들에 대해 온갖 안 좋은 소리를 늘어놨다.

하루는 똘마니 중 하나가 해럴드를 좋아하는 어떤 여자애가 건넨 연애편지를 전달했다. 해럴드는 코웃음을 치더니 모두가 보는 앞에서 그 편지를 찢어버렸다. 해럴드는 특수학급 아동을 조롱했고, 아이들 사이에 싸움 붙이는 걸 좋아했다. 마치 성 안에 군림하는 왕처럼 뾰족한 말들을 쏟아내고, 밑바닥 인생들이 끝장을 볼 때까지 싸우는 걸 감상했다.

해럴드를 봤을 때 '쪼다'라는 단어가 떠올랐다. 마치 네온사인처럼 내 머릿속에서 그 단어가 번쩍거리며 모습을 드러냈다. 그전에는 쪼다라는 단어를 들어보지도 못했지만, 딱 해럴드를 가리키는 말 같았다.

"어떻게 저런 모범생이 애들한테 못되게 굴 수 있지? 못되게 굴 일이 도대체 뭐가 있다고." 종종 궁금했다.

더 이상 가만히 있을 수는 없었다. 해럴드가 얼마나 위선적인 놈인지 모두에게 까발려버릴 심산이었다. 매일 버스에서 아이들을 속이고 사탕발림으로 꼬시는 해럴드를 보며 전략을 다듬었다. 해럴드는 모두를 자신의 손아귀에 쥐고 있었다.

내 모든 행동과 내 모든 말은 사실 전부 대본으로 짜놓은 거다. 심지어 사람들과 나누는 잡담마저도. 자연스럽게 행동하는 걸 내게 가르치려고 부모님이 얼마나 많은 시간을 쏟았는지 여러분은 모를 것이다. 하지만 인생에는 원래 대본이 없다. 처음 만나서 "안녕하세요." 하고 인사를 건넨 뒤에는 뭐라고 말해야 할지 몰라서 진땀을 빼며 눈알만 굴리곤 했다. 나처럼 당황하는 일이 없기를 바라며, 다음 세대 자폐인들에게 도움이 될 만한 대본을 만들어봤다.

빈칸을 잘 채워보시길.

_______________. 어떻게 지내? 참, _____________는 어때/잘 지내지?
(무난하고 가벼운 인사)   (무례하지 않은 호칭)

오늘따라 유독 ____________________________가 눈에 띄네. 멋진데.
              (상대방 옷차림 중 가장 이상한 것)

____________________________는 어떻게 생각해?
(별로 중요하지도 않고 쓸데없는 주제)

아, 난 이제 그만 ___________________해야 할 거 같아.
                (자리를 떠야 한다는 그럴싸한 변명)

____________________________________라는 게 다 그렇잖아.
(누구나 공감할 만한 것 중 대충 일 관련된 것으로)

____________________________에 만나면 그때 또 얘기하자고.
(아주아주 나중으로. 미리 준비할 시간을 잔뜩 마련하는 게 중요함)

언제 우리 같이 ＿＿＿＿＿＿＿＿＿＿＿＿＿＿＿＿＿해도 괜찮겠네.
(누구나 호응할 만큼 대중적이면서도 서로
공통점이 있다는 걸 보여줄 만큼 구체적인 모임)

헤어지기 전에 ＿＿＿＿＿＿＿＿＿＿＿＿＿＿＿＿＿ 줘 봐.
(이미 알고 있을지도 모르지만, 하여간 상대방 연락처)

아차차! ＿＿＿＿＿＿＿＿＿＿＿＿＿＿＿＿＿를 깜빡했네.
(왜 하는지 모르겠지만, 하여튼 비밀 악수)

그래, 지금은 별로 적당한 때가 아닌 거 같아.
너도 좋은 ＿＿＿＿＿＿＿＿＿＿＿＿＿＿＿＿＿ 보내.
(아침, 점심, 저녁, 오후, 하루 등등 중에 고르기)

＿＿＿＿＿＿＿＿＿＿＿＿＿＿＿＿＿＿＿＿＿!
(이제 진짜로 빠이빠이라는 걸 확실히 보여줄 짧은 한마디)

"얼마 안 남았어, 이 새끼야."

실제로 저렇게 중얼거리기까지 했다.

집에 도착한 후 나는 머리를 굴렸다. 그때가 크리스마스 직전이었기 때문에 영화 〈나 홀로 집에〉에 나왔던 짓궂은 장난이 좋은 참고 자료가 돼주었다. 다음 날은 마침 겨울방학식이었고, 나는 어떤 작전을 펼칠지 마음의 결정을 내렸다.

다음 날, 학교가 파하고 모두들 방학 잘 보내라며 인사하기 바빴다. 날 데리러 오기로 한 부모님은 5분 정도 늦는다고 하셨다. 완벽했다. 5분이면 충분했으니까. 점심으로 가져온 바나나를 꺼내 비닐봉지 안에 넣었다. 비닐에 구멍을 몇 개 뚫은 후 그걸 해럴드 책상 안에 넣었다. 이 바나나는 2주간의 겨울방학 동안 썩어 문드러져서 책상을 완전히 집어삼켜버릴 거다.

겨울방학이 끝나고 1월이 되어 개학을 했다. 다들 학교가 정말 싫다고 투덜거리면서 지친 몸을 이끌고 쳇바퀴 같은 일상으로 돌아왔다. 해럴드만 빼고. 어디 스키 여행이라도 다녀왔는지 햇볕에 그을린 얼굴로 젠체했다. 해럴드가 우쭐거리며 자기 자리에 앉았다.

그리고 내 생애 최고의 순간이 펼쳐졌다.

선생님이 말씀하셨다. "책 꺼내서 43페이지 펼치자. 오늘은 1812년 미영전쟁에 대해 알아볼 거야."

하지만 해럴드는 전쟁을 맞이할 준비가 되어 있지 않았다. 다른 건 몰라도 이런 전쟁은.

해럴드가 책상 뚜껑을 열었다. 내가 앉은 자리에서는 잘 보이지 않았지만 곧 이어진 해럴드의 비명을 듣고는 대강 어떤 상황인지 그림이 그려졌다.

"누구야? 누가 내 책상에 똥 쌌어?"

교실이 정적에 휩싸였다. 그러고는 곧 웃음이 폭발했다.

나는 히죽거리며 웃었다. 내가 범인이라는 건 아무도 모른다. 적어도 나는 그렇게 생각했다.

그 사건 이후 해럴드는 남을 헐뜯는 일에 흥미를 잃은 듯이 보였다. 어쩌면 내가 정말로 그애를 바꿔놓은 것일지도 몰랐다. 나는 기지 넘치는 비밀 작전을 성공시킨 걸 혼자 자축했다.

그런데 두 달 후, 바나나를 숨겨놓은 범인이 나라는 소문을 어디선가 듣고 해럴드가 찾아와 추궁했다.

"다 알고 왔어. 네가 한 짓이라며. 도대체 왜 나를 미워하는 거야?"

그 순간이 왔다. 내 이럴 줄 알고 미리 대비를 했지.

"너 시간 많아? 이유가 한두 개가 아닌데."

앞에서 자폐인들은 뭔가에 집착하는 경향이 있다고 한 말을 기억할 것이다. 이 시기에 나는 해럴드 인생을 엿 먹이는 데 집착했다. 그래서 지금까지 해럴드가 저지른 모든 만행을 미주알고주알 전부 늘어놓았다. "사람들이 너한테는 다 잘해주지. 팀의 주장이고 못하는 스포츠도 없는 데다가 하는 것마다 다 이기니까. 모두 다 너처럼 되고 싶어 해. 근데 사실 너는 모두한테 함부로 대하잖아. 넌 그렇게 과분한 친구들에 둘러싸여 있을 자격이 없어. 그래서 널 미워하는 거야."

"아."

나는 상냥한 어린이였지만 감정 표현은 잘 못했다. 아마 다른 자폐인들도 이런 경험이 많을 텐데, 내가 정말 많이 들었던 말은 "좀 웃어봐! 어디 안 좋아?"였다. 얄궂게도 내가 초등학교 때 드물게 선생님께 혼났을 때는 웃어서였다.

체육시간이었고 축구를 하고 있었다. 엄밀히 말하자면 나는 축구를 했다기보다 슛돌이 세 명(셋 모두 이름이 루크였다)이 90분 내내 공을 독차지하는 걸 구경하고 있었다. 나머지 아이들이 멀뚱히 서서 구경만 하는 게 못마땅했던 선생님은 슛돌이 루크 세 명이 축구 경기를 끝마칠 때까지 우리에게 코너에서 기다리라고 하셨다. 나는 이때야말로 웃는 걸 연습할 절호의 기회라고 생각했다. 그러면 반 친구들도 더 이상 나보고 웃지 않는다며 성가시게 굴지 않으리라. 그런데 내가 잘못 생각했던가 보다. 내가 웃고 있는 걸 보더니 선생님이 고함을 치셨다. "넌 뭐가 좋다고 웃고 있어?" 딱히 뭐가 좋았던 건 아니었는데.

화났을 때

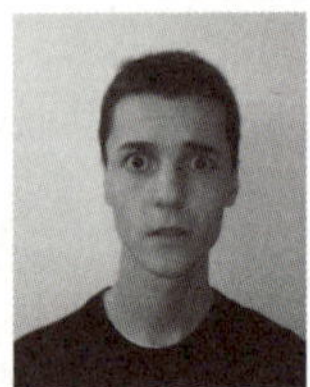

행복할 때

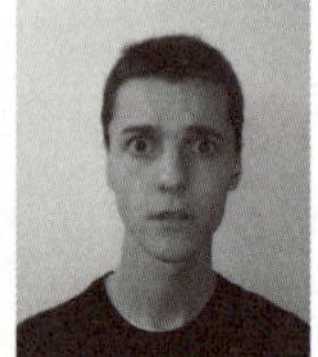

불안 초조할 때

신났을 때

속이 더부룩할 때

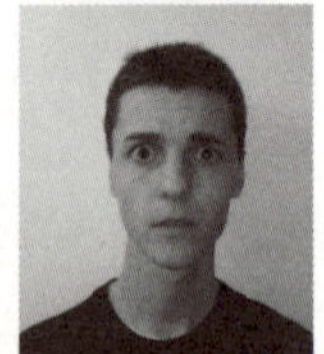

이성에게 호감이
있을 때

대화를 멋지게 끝마치고 의기양양하게 자리를 뜰 수 있었다면 정말 좋았을 텐데. 불행히도 지금은 쉬는 시간이었고 학교가 끝나려면 아직 한참 남았다. 결국 해럴드와 나는 프랑스어 수업에 함께 들어갔고, 설상가상으로 우리는 같은 모둠이었다. 한동안 우리는 어색함을 참으며 나란히 앉아 있을 수밖에 없었다.

내가 바나나 사건의 범인이라는 걸 해럴드가 어떻게 알았는지 궁금해서 그 후로 일주일 동안 밤잠을 설쳤다. 해럴드가 내게 따지러 오기 전까지 우리는 딱히 대화라는 걸 나눠본 적이 없었다. 그저 내가 멀리서 조용히 미워했을 뿐이니까. 알고 보니 방학식 날 내가 학교에서 미적거리는 걸 보고 누군가가 고자질을 한 모양이었다. 웃긴 건 해럴드가 대놓고 괴롭혔던 녀석, 그래서 내가 나서서 편들어주고 있다고 생각했던 바로 그 녀석이 고자질을 했다는 거다. 그 아이는 느닷없이 말을 툭툭 내뱉곤 해서 아이들의 좋은 놀림감이 되었다. 모두들 그애를 괴짜 취급했지만 나는 알아볼 수 있었다. 그 아이도 신경다양인이라는 걸(역시나, 그애는 나중에 투렛증후군으로 진단받았다). 나는 바나나로 해럴드를 응징함으로써 그 아이를 옹호하고 있다고 생각했다. 하지만 그애는 주류 그룹에서 인정받고 인기를 끌고 싶어 나를 해럴드에게 일러바쳤다.

그제야 내가 자아도취에 빠져 있었다는 걸 깨달았다. 못된 녀석을 쓰러뜨린 대가로 메달도 타고 사람들한테 영웅으로 칭송받을 거라고 생각했다. 하지만 내 영웅놀이는 다른 아이들의 삶에 아무런 영향도 못 미쳤고, 그 아이들은 어쨌거나 이 학교 안에서 계속 살아남아야 했다. 바나나로 응징했던 순간 내 기분은 정말 짜릿했지만, 딱 그뿐이었다. 이 아이들은 여전히 괴롭힘을 당하고 있었다.

그 사건을 계기로 내 생각도 바뀌었다. 괴롭히는 녀석들에게 짓궂은 장난을 치는 건 별로 좋은 방법이 아니었던 것 같다. 내 딴에는 스스로를 지키고 당당히 맞서는 법을 깨우쳤다고 생각했는데. 누군가에게 상처 주지 않으면서도 정의를 구현하는 법을 깨우치기까지는 조금 더 오랜 시간이 필요했다.

그럼에도 그 사건이 벌어진 후 몇 주 동안의 행보를 보니 해럴드는 내가 한 말을 가슴에 새기고 아이들을 그만 괴롭히기로 결심한 것 같았다.

이기적으로 보일 수 있겠지만, 난 그애가 변하지 않기를 바랐다. 해럴드야말로 내게 어울리는 호적수 같았다. 언제나 나쁜 짓을 저지르기 때문에 내가 짠 나타나서 영웅놀이를 할 수 있는 그런 상대. 언제까지고 서로의 지략을 겨룰 수 있는 상대. 하지만 인생은 슈퍼히어로 영화가 아니었다. 내가 쏟아낸 비난에 해럴드는 굉장히 성숙한 태도로 반응했고, 한 인간으로서 더욱 성장하고 변화했다.

그래서 나도 성장하고 변화하기로 결심했다. 또 다른 아이가 자폐 여자애를 놀리는 걸 목격했을 때, 이번에는 조금 다른 전략을 써보기로 했다. 그 아이를 비난하는 대신에 여자애의 상황을 가급적 명확하고 솔직하게 설명해줬다. 녀석은 아무 말도 안 했지만 생각이 많아 보이는 얼굴이었다. 그로부터 얼마 후 그 아이가 자폐 여자애와 함께 노는 모습을 실제로 보기도 했다.

책상에다 바나나 테러를 한다고 해서 사람들이 변하는 건 아니라는 걸 깨달았다. 다른 이들도 나와 똑같은 사람이라는 걸 깨달을 때 사람은 변한다.

영웅놀이 본능이 잠잠해지면서 나를 비롯한 자폐아들을 좀 더 긍정적인 방식으로 옹호하는 데 에너지를 쏟기 시작했다. 체육시간에 피구 경기가 벌어졌을 때 그곳에 만연한 부당함을 목격하고 옳다구나 했다. 드디어 내가 나설 때가 된 것이다.

해마다 늘 있는 일이었다. 각 팀 주장이 반에서 자기 팀원을 고른다. 운동부 애들 네 명이 제일 먼저 선택받았고, 가장 마지막까지 남는 건 항상 특수학급에 있는 자폐인들이었다. 우리 자폐아들에게는 굉장히 기운 빠지는 일이었고, 안 그래도 외톨이인 우리 신세가 더 처량하게 느껴졌다. 그래서 체육선생님께 이 문제에 대해 얘기를 해야겠다고 결심했다. 내 말을 들은 선생님은 다음 수업 시간에는 나와 또 다른 자폐 학생이 각각 주장이 되어 팀원을 골라보라고 말씀하셨다. 마침내! 수년에 걸친 운동부의 패권을 전복할 기회였다!

나는 의무감으로 첫 팀원을 골랐다. 자폐인 아이 중 한 명이었다. 그애가 내게로 뛰어오는데, 얼굴에는 놀라움이 역력했고 눈에는 눈물까지 맺혀 있었다. 그애가 말했다. "와, 세상에. 고마워! 누가 나를 팀에 뽑아준 건 이번이 처음이야." 정말로 아름답고 가슴 따뜻해지는 순간이었다.

책상에다가 바나나 테러를 한다고 해서 사람들이 변하는 건 아니라는 걸 깨달았다.

나는 한 명씩 차례로 남아 있던 자폐인들을 모두 내 팀원으로 뽑았다. 그럴 때마다 아이들의 얼굴은 놀라움과 기쁨으로 가득 찼다. 마치 부대를 이끌고 전투에 나서는 선봉장이 된 기분이라 스스로도 무척 뿌듯했다.

나와 마찬가지로 자폐인이었던 상대 팀의 주장은 조금 다른 전략을 취했다. 우리 반에서 운동을 제일 잘하는 아이들을 뽑았다. 점심으로 단백질 셰이크를 마시는 그런 아이들 말이다. 경기는 학살 수준이었다. 경기가 절반쯤 진행됐을 때 내가 맨 처음에 뽑았던, 그래서 무척이나 고마워했던 아이가 절규했다. "그러게 왜 날 뽑았어?!"

뭐라 할 말이 없었다. 그래도 나름대로 시도는 좋지 않았나.

2

찐격의
고등학생
미스컬

10대 시절을 좋아하는 사람은 없다.

중고등학생 시절은 사랑받는 게 힘든 질풍노도의 시기다. 다행히도 대부분의 사람들은 딱 6년만 버티면 중고등학생 시절이 지나간다. 다른 자폐인도 그렇겠지만 내게도 중고등학생 시절은 어쭙잖은 시기여서 차라리 잊고 싶을 때가 많다(위에 적은 제목을 보면 알겠지만). 우리는 보통의 서툰 10대보다 더 어설펐다. 그들은 표정이나 몸짓 언어, 목소리 톤의 변화가 다채로웠고 순식간에 바뀌곤 해서 나와 같은 자폐인들은 그걸 따라잡고 이해하는 게 어려웠다. 학교와 공부에 대한 압박감도 자폐인들이 특히 어려워하는 부분이고, 더군다나 이상한 놈이라고 소문이라도 나면 아이들과 어울리는 게 무척 힘들다.

하지만 동시에 중고등학생 시절은 내가 누구인지, 나는 어떤 무리에 속하는지 스스로 정체성을 찾아가는 시기이고 평생에 걸쳐 쏟아낼 열정을 발견하는 때이기도 하다.

2부에서는 그리 오래지 않은 과거(2010년대 초반)에 아주 머나먼 곳(온타리오주 남부)에서 벌어졌던 이야기를 들려줄까 한다. 진지하게 내면을 들여다본 결과 스탠드업 코미디라는 세상을 만나게 됐고, 디스토피아를 방불케 하는 10대들의 폐허 속에서 나를 완전히 바꾸기 위해 필사적으로 노력했던 이야기. 바로 나의 고등학교 시절을.

마이클 베긴즈: 인정받기 위한 여정

중학교 1학년이 됐을 때 엄마는 내게 일기를 써보라고 권해주셨다. 이건 고질적인 문제를 해결하기 위한 방책의 일환이었다. 아주 어렸을 때부터 내가 학교에서 돌아오면 엄마는 "오늘 하루는 어땠니?" 하고 묻곤 하셨다.

"음, 아침 9시에는 학교 종이 울렸어요. 9시 1분에는 캐나다 국가를 불렀고, 9시 4분에 자리에 앉은 다음 가방에서 교과서를 꺼냈어요." 내 대답은 그 후로도 계속 길게 이어졌다.

그러니까 내게 일기장을 사주신 건 엄마가 "이제 그만 좀 떠들어"라는 말을 아주 상냥하게 빙 돌려서 하신 것이나 다름없었다. 결과는 우리 둘 모두에게 대만족이었다. 나는 그날 하루 있었던 일을 마음껏 쏟아낼 수 있었고, 엄마는 매일 밤 덤으로 얻은 고요한 12분을 평온하게 만끽할 수 있었다. 내가 기어코 다시 입을 열기 전까지.

학교에서 아이들에게 괴롭힘을 당하는 게 기폭제가 되어 내 사춘기 분노가 더욱 커질수록 일기장에 적는 내용도 변해갔다. 처음에는 일기장에 정제되지 않은 감정을 모두 쏟아내고 있다고 생각했다. 내 안의 분노 마귀를 쫓아내듯이. 그런데 적어놓은 걸 나중에 읽다 보니 예상치 못한 일이 벌어졌다. 내 글이 너무 웃겼던 거다. 나 사실은 코미디를 쓰고 있었나. 나는 적어놓은 내용을 다듬고 고쳤다. 수십 장이나 되는 일기가 곧 나만의 농담 모음집이 되었다.

먼저 부모님께 시험해보기로 했다. 매일 저녁밥을 먹으며 부모님께 내가 쓴 것을 읽어드렸다. 우리는 꽤 그럴듯한 평가 시스템을 갖추고 있었다. 내가 써둔 농담을 읽으면 부모님은 잔인할 정도로 솔직하게 평가하곤 하셨다. 두 분은 아주 까다로웠지만 그래도 공정하긴 했다.

나는 저녁을 우물거리며 늘 그렇듯 우스갯소리를 했다. "신이 오줌 누는 게 비로 내린다고 생각하는 사람들은, 그럼 눈이 올 때는 신이 뭘 하고 있다고 생각하는 걸까요?"

"부적절한 개그야." 아빠가 말씀하셨다. 아빠는 7080세대의 마인드를 지닌 엄격한 분이셨다. 그래도 겉을 두르고 있는 보수의 껍질을 살짝 들추면 그 안에는 감수성 풍부한 진보주의자가 들어 있었다. 아빠는 보는 영화마다 눈물을 흘려댔다. 심지어 별점이 낮은 영화를 볼 때도.

"입 다물고 밥이나 먹어." 엄마도 한마디 거들었다. 엄마는 자유로운 영혼을 가진 사람이었다. 마음 따뜻한 휴머니스트였지만 유머 감각은 형편없었다. 하지만 도무지 속을 알 수 없는 사람도 있는 그대로 봐주고 그들의 단점까지 포용하는 멋진 능력의 소유자이기도 했다.

두 분의 반응을 보고 있자면 내가 우리 부모님의 완벽한 합작품이라는 사실에 감탄을 금할 수가 없었다. 한 인간으로서 그리고 한 명의 코미디언으로서 부모님은 내게 장점과 단점을 고스란히 물려주었다. 아빠는 사업가이자 타고난 리더였고, 자폐인을 위한 모금 행사를 셀 수 없이 많이 조직했다. 나는 아빠에게서 무대를 휘어잡는 장악력과 한 치의 오차도 허용하지 않는 노이로제 수준의 꼼꼼함을 물려받았다. 공감하는 능력과 열정, 그리고 비난을 극도로 두려워하는 마음은 엄마로부터 받았다. 엄마와 아빠를 잘 흔들어 섞으면 스탠드업 코미디언이 한 명 나오는 거다. 이제 조금 더 좋은 코미디만 만들어내면 될 거 같은데.

저녁 식탁에서 내가 했던 농담이 항상 성공한 건 아니었지만 부모님은 내가 코미디에 푹 빠진 걸 알고 날 적극 응원해주셨다. 엄마는 지역 신문에서 본 프로그램에 등록하면 어떻겠느냐고 제안하셨다. '행복한 신경증 환자'로 잘 알려진 코미디언 데이비드 그레니러는 밴쿠버에서 주로 활동하는데, 우리 도시 외곽에서 스탠드업 코미디 워크숍을 진행한다고 했다. 데이비드는 자신의 정신질환을 코미디 소재로 활용해왔는데, 〈정신건강 앞에 당당히 일어나자, 스탠드업 코미디!〉라는 이 프로그램은 스탠드업 코미디를 이용해 정신질환과 신경질환에 대한 그릇된 낙인을 없애기 위해 만들었다고 했다.

그 기조가 마음에 쏙 들었다. 다만 프로그램이 열리는 장소가 높은 언덕배기에 있는 문 닫은 병원만 아니었더라면, 바로 옆에 묘지를 끼고 있는 것만 아니었더라면 더 성공적인 워크숍이 되지 않았을까 싶긴 했다. 내가 처음 참가했던 날 밤에는 번개까지 쳤다. 지어낸 게 아니라 진짜다. 그래도 안으로 들어가면 오레오 쿠키를 먹을 수 있었으니, 그게 어딘가!

그곳의 분위기도 나를 긴장시켰다. 들어갈 때까지만 해도 별생각 없었는데, 안으로 들어가자마자 내가 그곳에 있는 사람들과 많이 다르다는 걸 깨닫고 깜짝 놀랐다. 일단 그중에서 내 나이가 제일 어렸다. 평균 나이를 확 깎아먹을 정도로. 나만 열세 살이었고 나머지는 전부 30~40대였다. 한 명씩 돌아가며 자기소개를 하기 시작하자 여기는 내가 올 자리가 아니라는 생각이 더욱 확실해졌다. 나는 겨우 중학교 1학년 꼬마였고 학교에서 애들이 나를 어떻게 괴롭히는지, 뭐가 나를 짜증 나게 하는지 그런 불만을 늘어놓았다. 하지만 이곳의 다른 어른들은 더 심각한 진짜 문제를 가지고 있었다. 어떤 사람은 광장공포증이 있어서 3년 반 동안 집 밖에 나가지 않았다. 10년간 정신 병동에서 지낸 사람도 있다. 이 프로그램은 어느 모로 보나 바로 그런 사람들에게 절실하게 필요한 치료 요법이었던 거다. 이 사람들에 비하면 내 문제는 유치하고 대수롭지 않아 보였다. 아마도 나는 여기에 오면 안 됐던가 보다. 어쨌든 이 사람들에 비하면 내 상황은 훨씬 좋았으니까. 이곳에 있는 사람들은 꿈도 못 꿀 정도로.

그런 걱정이 내 머리를 가득 채우고 있는 것과 달리 다른 사람들은 아무도 그렇게 여기지 않는 것 같았다. 데이비드는 능숙한 솜씨로 모두를 편안하게 해줬다. 그가 직접 참석한 게 아니라 현재 밴쿠버에 있으며, 이곳에서는 대형 스크린으로 인사하고 있다는 건 전혀 문제가 되지 않았다. 데이비드는 완벽히 존재감을 드러내며, 단 한 명이라도 소외감을 느끼거나 주눅 들지 않게 신경 써줬다. 저마다 고충도 다르고 남보다 조금 더 상황이 나은 사람도 아닌 사람도 있겠지만, 그런 건 아무 상관없다고. 모두에게는 각자의 어려움이 있는 거고, 이 워크숍의 목적은 바로 우리를 둘러싼 그 낙인을 부수는 거라고 알려줬다.

나머지 사람들도 모두 자기들 사이에 낀 꼬맹이를 흔쾌히 받아들였고 나를 환영해주었다. 다들 나를 진지하게 대했고 내가 털어놓는 문제를 경청했다. 나 같은 건 여기에 있으면 안 된다는 느낌은 전혀 받을 수 없었다. 심지어 사람들은 내 고민에 동질감까지 느꼈다. 알고 보니 내 고민은 꽤나 보편적인 문제였다. 모두가 괴롭힘을 당한 적이 있었고, 누구나 왕따인 적이 있었다. 나만 힘든 게 아니었다.

자기소개가 끝난 후 데이비드는 내게 첫 번째 개그를 나서서 해볼 생각이 있는지 물었다. 나는 방 한가운데에 섰다.

"진단명이 뭐예요?" 그가 물었다.

"자폐 스펙트럼 장애요."

"그건 어떤 장애죠?"

내가 설명했다.

"특정 주제에 완전 팍 꽂혀서 끊임없이 그 얘기만 떠들어요."

"그런 성향 때문에 문제가 생긴 적이 있나요?"

"네."

"어디에서요?"

"성경 캠프에서요."

내가 대답하자 사람들이 웃었다.

데이비드는 내 경험에서 핵심만 딱 취한 다음에 그걸 바탕으로 개그를 구성하는 법을 가르쳐줬다.

그렇게 다듬어진 것은 다음과 같다.

"어떤 사람하고 얘기할 기회가 있었어요. 우리는 진짜 잘 통한다고 생각했죠. 그래서 미주알고주알 전부 얘기하고 있었는데, 갑자기 이 사람이 나한테 짜증을 내는 거예요. 창피하기도 하고 뭘 어떻게 해야 할지 모르겠더라고요. 그래서 그대로 나와버렸죠. 고해성사실에서요."

이게 바로 내가 맨 처음 만든 코미디다.

데이비드는 이 외에도 무척 많은 걸 가르쳐줬다. 개그의 뼈대를 만드는 법부터 관객의 호응을 이끌어내는 법, 항상 위를 향해 풍자를 하라는 것까지. 위를 향하라는 말은 힘없는 약자들은 놔두고 힘있고 권력을 가진 사람들을 유머 소재로 삼으라는 뜻이다.

첫날밤 워크숍이 끝날 무렵 데이비드는 우리에게 숙제를 냈다. 집에 가서 2분 분량의 글을 써오라고. 다른 사람들은 딱 그렇게 해왔지만 나는 10분 분량을 써왔다. 약간 반칙이긴 했다. 그중 상

많은 자폐인들은 대부분의 사람들이 일반적이라고 생각하는 대화 패턴을 싫어한다. 그러니까 상대방이 한 문장 말하고 내가 한 문장 말하고, 이렇게 영원히 계속 반복하는 것 말이다. 내가 진짜로 말하고 싶은 걸 어떻게 단 한 문장으로 표현한단 말인가. 나는 대개 몇 분은 걸리던데.

하지만 우표나 제2차 세계대전 전투기에 대해 15분 동안 혼자 떠드는 걸 사람들이 매번 들어줄 수는 없는 노릇이다. 그리고 자폐를 가진 사람은 상대방이 따분하다거나 짜증 난다는 의미로 한숨을 내쉬거나 딴 곳을 쳐다봐도 그 뻔한 신호를 잘 인지하지 못할 수 있다. 혹시라도 자폐인이 당신을 붙잡고 계속 말의 홍수를 쏟아내고, 얘기를 끝내자는 당신의 신호를 눈치채지 못한다면 다음과 같은 방법을 써볼 수 있다.

1. 자폐인이 하는 얘기를 당신의 개인 경험과 연결해보라.

2. 원하는 게 있으면 툭 터놓고 말해보자. 솔직하되 무례하지 않게. 이 대화에서 당신이 원하는 바를 친절하게 말한다.

3. 꼭 가야만 한다면 그때까지 얼마나 시간이 남았는지 알려주자. 단 20초 후에 자리를 떠야 한다 할지라도 자폐인은 미리 마음의 준비를 할 수 있어 고마워할 것이다.

4. 숨 쉬는 타이밍에 상대방의 말을 끊어보자. 누구라도 숨은 쉬어가며 말을 할 테니까.

당수가 내 일기장에서 가져온 거였으니. 하지만 이제는 잘 알았다. 어떻게 하면 조금 더 맛깔난 코미디를 쓸 수 있는지, 어떻게 하면 공연에 더 적합하게 다듬을지.

겨울이 지나고 봄이 왔다. 나는 계속 워크숍에 참여하며 개그를 만들었고, 데이비드와 다른 멤버들의 도움으로 그걸 다듬었다. 그리고 우리는 첫 번째 공연을 하게 됐다. 장소는 온타리오주 해밀턴 교외에 있는 한 대학교였는데, 관객은 전부 대학교수들이었다. 데이비드도 우리와 함께 공연하기 위해 해밀턴으로 날아왔다. 내가 짠 분량이 제일 많았기 때문에—모두 12분이나 됐다—데이비드는 핵심 공연자로 나를 내세웠다.

굉장히 두려웠다. 내가 이걸 무척 사랑한다는 걸 알았기 때문에 두려웠다. 혹시라도 첫 공연을 엉망으로 망쳐버리면 내가 다시는 하고 싶지 않을까 봐, 그게 겁이 났다. 이제 겨우 열세 살이었지만, 여기에 내 온 미래가 달린 것만 같았다.

공연하는 내내 나는 대기실에서 할라피뇨 치즈볼을 우물우물 씹어 먹었다. 공연 대기자는 모두 열 명 남짓이었고 한 명당 평균 5분 정도 공연을 했는데, 그 시간 동안 나는 할라피뇨 치즈볼 봉지 하나를 통째로 해치웠다. 이윽고 데이비드가 내 이름을 불렀고 나는 무대에 올랐다.

스탠드업 코미디언들이 마이크 스탠드에 기대는 모습을 봤을 때 나는 항상 그게 자신들이 여유롭다는 걸 과시하려는 거라고 생각했다. 하지만 이내 깨달았다. 마이크 스탠드에 기대는 건 덜덜 떠는 모습을 조금이라도 감추기 위해서라는 걸. 내 평생 무대 위에서 처음으로 개그를 했던 그 순간만큼 무섭고 떨린 적은 없었다. 개그를 치는 것 자체는 괜찮았다. 대사도 다 외웠고 재미를 위해 어디에서 끊어야 하는지도 알았으니까. 하지만 사람들이 내 개그를 좋아해줄지 그건 모르는 것이지 않나. 개그를 던진 후 관객들이 웃기 직전까지 그 짧은 순간의 정적은 지금도 여전히 내 온몸을 전율시킨다.

그래도 관객들이 웃어줬다. 첫 번째 개그가 성공한 것이다. 기세를 몰아 두 번째와 세 번째 개그도 성공했다. 그 뒤에 하나는 실패했지만 아무렇지도 않은 듯 태연히 넘어갔다. 12분짜리 공연이 다 끝났을 때 나는 무대에서 내려오고 싶지 않았다. 하지만 어쩌겠는가. 다음 날 학교에 지각하면 안 되니까 더 늦기 전에 교수들을 집에 돌려보내야 했다. 데이비드는 무대 인사를 위해 공연자들을 모두 무대 위로 불러 모았다. 내 머릿속은 온통 "이거 언제 또 할 수 있지?" 하는 생각으로 가득 차 있었다. 물론 모든 공연이 다 이번처럼 성공하리라는 보장은 없었다. 그걸 알면서도 나는 다음에도 또 공연할 수 있기를 바랐다.

정의를 위해 싸웠더니
부모님이 소환됐다

내 코미디 활동은 밝은 미래를 향해 순조롭게 날갯짓을 시작했다. 하지만 그 날개를 제대로 펼치기도 전에 '고등학교'라 불리는 사소한 난관에 부딪혔다.

나는 고등학교에 대한 환상이 어느 정도 깨진 상태로 입학했다. 기능적인 측면에서 볼 때 고등학교는 그저 대학에 들어가기 전에 거쳐 가는 단계일 뿐이었고, 나는 이미 대학에는 가지 않기로 결심한 상태였다. 덥고 끈끈하던 6월의 어느 날, 당시 중학교 1학년이던 나는 쉬는 시간에 선생님께 대학 교육의 장점에 대해 집요하게 꼬치꼬치 캐물었다. 선생님은 그럴듯한 대답을 해주지 못하셨다. 아니, 솔직히 말하자면 아무런 대답도 해주지 않으셨다. "대학을 나오면 취직이 보장되나요?"라고 묻자 선생님은 아무도 없는데 괜히 누군가의 싸움을 말리는 척 가버렸다.

학위는 다음 단계로 도약하게 해주는 멋진 발판이 될 수 있다. 하지만 그즈음 나는 이미 스탠드업 코미디언이 되기로 마음먹었고, 코미디언이 되는 데 학위는 필요 없었다. 고등학교 1학년이 됐을 때는 벌써 꿈을 실현해나가고 있었다. 한 달에 한 번씩 스탠드업 코미디 공연을 했고 실력도 점차 좋아지는 중이었다. 선배 코미디언에게서도 배웠고, 코미디 쇼나 워크숍에 다녔으며 언제 어디서나 개그 대본을 썼다.

학교라는 건 각자 자기가 하기 나름이라고 생각했다. 내가 어떤 선택을 내리느냐에 따라 결과물이 달라지는 거라고. 내가 생각하기에 학교는 저마다 각자의 능력을 갈고닦는 곳, 앞으로 다가올 미래에 제대로 대비할 수 있도록 어느 한 가지 분야에 완전히 몰입하게 도와주는 곳이어야 했다. 그런데 학교에서는 모든 과목을 두루두루 잘해야 한다는 관점을 고수하고 있었다. 내부분의 자폐인들은—아니, 솔직히 말해서 대부분의 사람들은—모든 과목을 다 잘할 수 없다. 학교는 학생이 잘하는 분야에 더 노력하고 정진하도록 허락하지 않는다. 대신 학생이 못하는 과목에 더 많은 시간을 쏟아붓게 만든다. 나 같은 경우 영어는 굉장히 잘했지만 수학을 못했다. 그래서 성적을 올리기 위해서는 수학을 더 공부해야 했다.

내게 고등학교란 미래의 성공을 위해 심오한 교육의 바다를 헤쳐나갈 비전을 제시하는 곳이 아니었다. 오히려 내 사회적 관계를 개선하고, 불안하기 짝이 없는 고등학교라는 아포칼립스 전쟁터에서 다른 길 잃은 영혼들과 연대할 수 있는 기회의 땅에 가까웠다.

그래도 고등학교에 들어간 첫해에 매우 소중한 교훈을 얻을 수 있었다. 관심을 기울일 줄 아는 훌륭한 선생님이 한 분이라도 계시다면 특수장애아들에게 얼마나 큰 변화가 생기는지 알게 됐으니까. 그와 더불어 학교 선생님들이 학생 개개인의 문제를 해결하는 데 심혈을 기울이지 않는다면 그런 변화를 일으키는 게 얼마나 힘든지도 깨닫게 됐다. 이러한 교훈은 내 경험뿐만 아니라 동생 매슈의 상황을 통해서도 배울 수 있었다.

2010년을 보내면서 동생은 완전히 변해 있었다. 중학교 2학년을 막 시작했을 때만 해도 학교 폭력 조사 서류를 줄줄이 달고 들어갔었는데, 학년을 마칠 무렵에는 훨씬 줄어들었다. 매슈가 이렇게 좋아진 건 담임인 제프 선생님(우리 부모님은 '성자 제프 선생님'이라고 부른다) 덕분이었는데, 통찰력과 공감능력이 뛰어나고 남들의 바보 같은 행태에 단호하게 '안 돼!'라고 말할 줄 아는 분이었다.

지난 몇 년간 부모님은 매슈의 특수학급 선생님들과 관계가 그다지 좋지 못했다. 선생님들은 대부분 매슈의 돌발 행동에 적절한 대응 방법을 찾지 못해 그냥 집으로 돌려보내고는 했다. 학급 보조교사들은 매슈가 말을 안 듣는 데 지친 나머지 자신들이 마땅히 해야 할 책무를 포기해버렸다. 제프 선생님은 이런 행동을 일절 참고 넘기지 않았다. 그는 보조교사들에게 단호한 태도로 말했다. "이 학생들 개개인에 대해서 여러분의 행동을 어떻게 더 개선할 수 있는지 말해줬으면 해요. 여러분은 같은 월급을 받고 있고 같은 교육을 받았어요. 그러니 이 학생들 한 명 한 명을 모두 동등하게 대해야 해요. 여기에 불만이 있는 사람은 사무실에 있는 전출 신청서를 작성하세요."

실제로 몇몇은 학교를 떠났다.

하지만 남은 사람들은 제프 선생님의 지도하에 매슈가 변하는 모습을 목도할 수 있었다. 제프 선생님은 매슈가 소외감을 느끼지 않도록 기발한 방법을 고안했다. 내 동생을 다른 방에 따로 격리하는 대신 교실 뒤쪽에 문이 달린 유리벽을 설치한 것이다. 이렇게 하면 매슈가 지나치게 흥분해서 누군가를 때릴 위험 없이 반 친구들과 함께 수업을 들을 수 있었다. 일단 그 안에서 진정하면 다시 밖으로 나와 친구들과 함께 수업에 참여할 수 있었으니까.

그해에 매슈는 학교에서 '노력상'을 탔다. 내가 예전에 〈보글보글 스폰지밥〉 연극판을 써서 탔던 바로 그 상이다. 동생이 그렇게 자랑스러울 수가 없었다.

사회생활 측면에서 봤을 때 고등학교는 기회의 땅이었다. 이전에 내가 다녔던 학교는 전체 학생 수가 352명에 불과했지만 고등학교는 1000명이 넘었다. 그러니 자폐 학생이 더 많은 건 당연했다. 초등학교에서 자폐 학생은 기껏해야 한 줌 남짓이었지만 고등학교에서는 서른 명 가까이 됐다. 그러니 그 안에 자연스레 섞여들면 존재감을 더 쉽게 지울 수 있고 이전처럼 남들 눈에 확 띄지는 않을 듯싶었다.

하지만 어쩐단 말인가. 나는 공연을 하는 사람이었으니. 게다가 자폐 자경단원으로서의 충동도 예기치 못한 형태로 나를 찾아왔다.

첫 학기는 별다른 소동 없이 무사히 지냈다. 대체로는. 키가 180센티미터도 넘는 얼간이 하나가 내 사물함을 차지했다. '주운 사람이 임자'라는 헛소리를 해가며. 나는 그 사물함 비밀번호를 알고 있었기 때문에 방과후에 바나나 한 개를 넣어놓긴 했다.

하루에 들어야 하는 과목은 모두 네 개였다. 영어, 수학, 드라마, 그리고 한 번도 들어보지 못한 '학습 전략'이라는 과목까지. 학습 전략은 자폐 학생이라면 반드시 들어야 하는 필수 과목이었는데, 잘 적응하는 법을 가르치기 위해 고안된 수업이었다. 우리는 주로 '자기소개 게임' 같은 걸 했는데, 나는 거기에서 두각을 드러냈다. 같은 반 친구 중 거의 3분의 1과 같은 학교를 다녔으니 당연한 결과였다.

나는 자폐 학생 수가 이렇게나 많다는 사실에 경탄할 수밖에 없었다. 지금껏 이렇게 다양한 자폐인들과 함께한 적이 없었는데, 자신의 자폐 진단을 받아들이는 방식이 저마다 다르다는 사실에 놀라기도 했다. 한 친구는 자기가 자폐라는 사실을 부끄럽게 여겼다. 그애는 복도에서 마주치는 신경전형인 학생들이 자기가 특수학급에 들어가는 걸 못 보게 하려고 매일 수업에 늦게 들어왔다. 어떤 친구는 자신이 안 좋은 행동을 하는 건 모두 자폐 탓이라며 핑계를 대곤 했다. 반면에 나 같은 사람도 있었다. 소외감을 느낄 자폐 친구들 심정도 이해하고, 이 수업이 얼마나 중요한지 죽어라 설명하는 선생님 심정도 이해하고, 그러면서도 언제 수업이 끝나나 시계만 들여다보는 나 같은 사람.

때로는 관점이 상반되게 달랐지만, 그래도 우리는 제법 잘 지냈다. 처음에는 대본처럼 "안녕. 오늘은 어때?" 하고 물었지만, 우리는 점차 진짜 중요한 주제에 대해 얘기하기 시작했다. 바로 우리가 좋아하는 것들에 대해서. 슈퍼히어로 영화에 대한 해체 비평이 대부분이었지만. 그 후로는 반 분위기도 많이 밝아졌고, 딱히 계획한 게 아니었음에도 교실 밖에서 다 같이 어울려 놀게 됐다. 알고 보니 누가 자폐 아니랄까 봐 '학습 전략' 수업을 듣는 학생들이 전부 '일본 애니메이션 클럽'에 참가 신청을 했던 거다. 자폐 학생들만 일본 애니메이션을 봤기 때문에 결국 클럽 활동은 특수학급 교실에서 하게 됐고, 우리는 그 교실을 '허브'라고 불렀다.

허브는 마치 배트맨의 비밀 기지처럼 자폐 학생들의 비밀 기지가 되었다. 최고로 좋은 철도 모형 세트와 최악의 1990년대 일본 애니메이션, 거기에 수동적 공격 성향을 보이는 보조교사까지. 그야말로 모든 것을 다 갖춘 공간이었다!

내가 보조교사들을 유달리 싫어하는 건 아니다. 하지만 자기들이 가진 쥐꼬리만 한 권력을 휘둘러 자폐 학생들을 위축시키는 형편 없는 보조교사들을 고등학교 시절 내내 많이 봐왔다. 한번은 이런 일이 있었다. 점심시간에 나와 친구 단 둘이 허브에 있었다. 우리는 영화 〈라파예트Flyboys〉가 왜 별로인지 얘기하고 있었다. 친구는 기술적 관점에서, 나는 주인공 관점에서. 그때 갑자기 교실 한쪽에서 보조교사가 외쳤다. "왜 이렇게 시끄럽니!" 우리는 대드는 성향이 아니었던지라 바로 사과하고 다시 조용히 대화를 이어나갔다.

친구가 막 입을 떼려고 했을 때 보조교사가 최후통첩을 날렸다. "조용히 하든가, 아니면 나가서 떠들어."

친구는 화가 나서 어쩔 줄 몰랐다. 울다가, 손바닥을 팔락거리다가, 너무도 당연한 사실을 지적했다. "시끄러운 게 싫으면 선생님이 나가면 되잖아요." 나는 아무 말도 안 하고 조용히 있었다. 친구가 이 정도로 화를 내는 건 처음 봤다. 화가 나는 게 당연하다고 생각하면서도 친구를 도와주기엔 너무 겁이 났다.

나는 보조교사의 이런 행위를 도저히 참고 봐줄 수 없었다. 우리가 누구를 방해한 것도 아니지 않은가. 그의 행동은 정당한 이유가 없는 권력 행사였고, 그로 인해 우리는 그저 무력감을 느낄 수밖에 없었다. 일주일 뒤 같은 보조교사가 커피를 마시러 허브에 들렀다. 하필 그 커피는 내 친구가 내린 거였다. 보조교사는 한 모금 마시더니 얼굴을 찌푸렸다. "이거 누가 만들었니?"

"제가 만들었는데요." 친구기 투덜거리듯 대답하지 보조교시가 밝게 말했다.

"커피 맛이 영 별로다."

살면서 처음으로 그 상황에 딱 맞는 말이 떠올랐다. 나는 의자를 빙글 돌린 다음 말했다. "특수학급 애들한테 커피 얻어먹는 사람치고 입이 꽤 고급이네요!"

그 순간 나는 깨달았다. 이제 내가 맞서 싸워야 할 사람들은 운동장에서 어슬렁거리는 일진이 아니라는 것을. 진짜 어른들과의 싸움이 시작되었다는 것을. 이 싸움은 바나나 따위로 이길 수 있는 게 아니었다.

이 전쟁은 응용지리학 수업 시간에 정점에 도달했다. 그 수업을 듣고 싶어 하는 사람은 아무도 없었다. 특히 내 친구 조지프는 더했다. 선생님이 애써 못 본 척하는 동안 끊임없이 괴롭힘을 당했으니까. 조지프를 괴롭히던 세 녀석 잭, 채드, 에밀리오는 아주 획기적으로 끔찍한 일진은 아니었다. 나쁜 짓을 하는 역겨운 녀석들이기는 했지만 적극적으로 못되게 굴지는 않았다. 대개는 조지프의 이름을 희한하게 바꿔서 부르거나 조지프가 분필 가루를 들이마시게 하려고 난리 치는 정도였다.

그러던 어느 날 조지프가 마침내 포기하고 분필 가루를 들이마셨다. 그러고는 이제는 제발 자기를 좀 가만히 놔두라고 애걸했다. 그 모습을 보고 있자니 너무나 마음이 아팠다. 조지프 안에서 내 모습이 겹쳐 보였기 때문이다. 조지프가 자폐인지 아닌지는 몰랐다. 하지만 조지프는 친구들이 자기를 좋아해주기를 바랐고, 또 녀석들이 웃고 있었기에 이 아이들이 도대체 왜 자신을 괴롭히는 건지 헷갈려 했다. 내가 겪었던 것과 너무도 똑같았다.

며칠 후, 그 녀석들 중 한 명이 조지프의 노트북을 계속 덮어버리는 걸 보고 꼭지가 확 돌았다. 그 녀석에게 버럭 화를 내며 당장 그만두라고 외쳤다. 녀석은 내 말에 아주 희한하게 반응했다. 언뜻 미친 것처럼 보이면서도 상황에 딱 맞는 행동이었다. 인상을 찌푸리고 고개를 끄덕이더니, 천천히 뒷걸음질 쳐서 스스로 청소도구함 안으로 들어갔다.

그래도 나는 화가 안 풀려서 긴 막대자를 문고리에 걸어 녀석을 안에 가둬버렸다. 원인 제공자는 잡았는데 아직 적절한 처분이 이루어지지 않았다. 이 일이 벌어질 동안 자리를 비웠던 선생님이 교실로 달려왔다. "무슨 소리가 났는데?"

나 몰라라 하는 선생님의 태도에 잔뜩 화가 나서 내가 설명했다. "얘네 셋이 계속 조지프를 괴롭히고 있었다고요. 선생님이 할 일을 제대로 안 하시니까 제가 직접 나선 거잖아요!"

그렇게 말했더라면 정말 좋았을 텐데. 하지만 나는 열다섯 살 먹은 소심한 아이였고, 실제로 내 입에서 나온 말은 "제가 잭을 청소도구함에 가뒀어요"였다. 날 쳐다보지도 않은 채 선생님은 청소도구함으로 향했고, 내가 끼워놨던 막대자와 문손잡이 사이의 좁은 틈 사이로 또 다른 막대자를 밀어넣었다.

가장 먼저 든 생각은 '그래요, 선생님. 뭐, 다 좋아요'였다. 하지만 이내 '이건 미친 짓이야. 당장 여기서 벗어나야 해!'라는 생각이 고개를 들었다. 수업 끝나는 종이 울리자 나는 복도에 있던 조지프를 쫓아갔다. 조지프에게 나는 네 편이며, 앞으로 학기가 끝날 때까지 지리 수업 시간에는 항상 '허브'에서 시간을 보낼 수 있도록 모든 방법을 찾을 거라는 얘기로 안심시켜줬다.

그날 집에 가서 부모님께 학교에서 있었던 일을 말씀드렸다. 부모님은 선생님과 함께 이 사태를 어떻게 해결하면 좋을지 대화를 나누셨다. 결론적으로 우리는 아무 데도 갈 필요가 없었다. 세 명의 멍청이들은 따로 떨어져서 각자 다른 교실로 흩어졌고, 조지프와 나는 지리 교실에서 계속 수업을 들을 수 있었다. 일이 그렇게 마무리되자 정말 기분이 좋았다. 수업은 진짜 재미없다 싶긴 했지만.

농담은 이쯤 접어두고, 그해에 나는 선생님들에 대해 두 가지 사실을 알게 됐다.

✦ 선생님들이 모두 성자 제프 같지는 않지만, 좋은 선생님이 아니라 하더라도 어느 정도 협상의 여지는 있다는 것.
✦ 부당한 일이 있을 때 권력에 당당히 맞서는 건 중요하지만,

애초에 그 부당한 일이 어떻게 발생했는지 이해하는 것도 그에 못지않게 중요하다는 것. 그래야 그들을 더 잘 설득할 수 있을 테니까. '허브'에 있던 보조교사처럼 자신이 정직원만큼 잘 알지 못한다는 점 때문에 두려웠을 수도 있고, 지리 선생님처럼 그저 모든 게 물리고 싫증 났기 때문일 수도 있다.

자기가 원하는 바를 스스로 당당히 밝히고 요구하는 능력은 자폐인과 특수 장애인에게 가장 필요한 덕목이자 매우 중요한 개념이다. 내 경험에 비춰보건대, 그들과 협력해서 능력에 딱 맞는 프로그램을 짜주면 자폐 학생들은 더 열심히 노력하는 경향이 있다. 자율학습 계획 같은 것도 매우 큰 도움이 된다. 뭐가 됐건 일단 주위에 알리는 게 첫 단계다. 얘기할 수 있는 상대를 찾고(선생님이나 학생 도우미도 좋고, 교장선생님도 상관없다), 자신의 문제를 일러야 한다. 그리고 이 문제를 어떻게 해결하면 좋을지 머리를 맞대고 토론하는 거다. 또박또박 알아듣기 쉽게 말한 다음, 인내를 가지고 기다려야 한다.

자기가 원하는 바를 스스로 당당히 밝히고 요구하는 능력은 자폐인과 특수 장애인에게 가장 필요한 덕목이자 매우 중요한 개념이다.

101

어렵게 얘기를 꺼냈는데 하필 그 사람이 대화가 안 통하는 사람일 수도 있다. 자신이 원하는 바를 달성하기 위해서는 지속적으로 이의제기를 해야 할 수도 있다. 그리고 자신이 원하는 것과 선생님이나 학교가 무언가를 해줄 거라는 합리적인 기대치 사이에서 적절하게 균형을 잡아야 한다. 시스템이 조금 더 좋은 방향으로 변하는 건 누군가가 "문제 있습니다"라고 크게 외쳤기 때문이라는 점을 기억하자.

그해가 막 끝났을 때 조지프와 우연히 마주쳤다. 유명한 만화박람회 '샌디에이고 코믹콘'의 캐나다 버전이라 할 '팬 엑스포'에 생애 처음으로 방문한 참이었다. 조지프도 친구들과 와 있었는데, 면면을 보니 전부 '일본 애니메이션 클럽'에서 봤던 아이들이었다. 조지프는 최근 자폐 진단을 받으러 갔다는 얘기를 해줬다. 어쩐지 이런 행사에 관심이 많더라니. 조지프에게는 잘된 일이라고 생각했다. 자폐인들도 속할 그룹이 필요하다. 조지프는 마침내 그런 그룹을 찾은 것이다. 고등학교 생활이 흘러가면서 나도 내가 진정으로 어느 그룹에 속하는지 깨닫게 되었다.

자폐 영웅: 슈퍼-울트라짱어색한-맨

누구나 자라면서 마음에 품은 영웅 하나쯤은 있기 마련이다. 하지만 2000년대 초반을 거쳐온 자폐 아동으로서 말하건대, 신문에 오르내리는 유명한 사람 중에 자폐와 관련해서는 내가 우러를 수 있는 사람이 별로 없었다. 물론 자폐인이자 매우 훌륭한 동물학자인 템플 그랜딘 교수님이 유명하기 하지만, 나는 축산업에는 흥미를 느끼지 못했다. 대신에 나는 나만의 영웅을 만들어내기로 결심했다. 슈퍼히어로로 말이다. 자폐 스펙트럼 선상에 있는 이들을 대표하는 끝내주게 멋진 영웅. 이름하여… 슈퍼–울트라짱어색한–맨!

이 명칭의 의미를 제대로 이해하기 위해서는 먼저 가장 중요한 개념인 '어색하다'에 대해 알아야 한다.

어색하다awkward: (형용사) 부끄럽고 불편하며 통상적이지 않은 느낌.

흔히 음악이 보편적인 언어라고들 하는데, 어색하다는 것이야말로 보편적인 감정이다. 어색함은 신기한 방식으로 작동한다. 하이파이브 하려고 손을 내밀었는데 상대가 악수를 해버렸을 때, 인사하는 극장 직원한테 "그쪽도 영화 재미있게 보세요"라고 말해버렸을 때 우리는 어색함을 느낀다. 어색함은 다양한 모습으로 나타난다. 여자친구의 부모님을 만날 때, 생일선물로 양말을 받았을 때, 친구 신청을 수락했는데 알고 보니 컴퓨터 바이러스였을 때 등등.

어색함은 자폐 스펙트럼의 상징과도 같은 감정일 것이다. 나도 굉장히 어색한 편이다. 좋은 의도로 시작해도 끝은 항상 어색해진다. 내게 사회성이 없어서가 아니다. 내 사회성이 또래 아이들과는 많이 다르기 때문이다. 반 친구들을 위해 문을 잡아주는 것? 어색하다. 미소 지으면서 예의 바르게 행동하는 것? 어색하지.

사람들에게 "친절하게 행동하고, 거짓말하지 말라"는 것에서 더 나아가 기존보다 새롭고, 더 현실적인 사회성을 가르쳐야 한다고 생각한다. 일단 고등학생이 되면 이런 어색함도 없어질 거라고들 하던데… 도대체 언제 없어진다는 건지 모르겠다.

나는 우리 모두에게 슈퍼-울트라짱어색한-맨과 같은 면이 있다고 생각한다. 완벽을 추구하다 보면 잠재적 실패의 그늘에서 살게 된다. 굴욕감. 내가 일을 그르치는 순간 모두의 관심 밖으로 밀려날 거라는 두려움. 자기 안에 있는 슈퍼-울트라짱어색한-맨은 우리는 모두 결국 사람이라는 걸 다시금 깨닫게 해준다. 사람들은 누구나 조금 바보 같아 보일 때가 있다. 살면서 한 번쯤은 뒤로 나동그라지고 물웅덩이에 빠져 웃음거리가 될 수 있다. 그래도 괜찮다. 슈퍼-울트라짱어색한-맨은 "이왕 넘어질 거라면 제대로 엉덩방아 찧어봐!"라고 말할 테니.

어색함을 두려워하지 말자. 있는 힘껏 받아들이자.

하지만 만일 당신이 앞으로 절대 다시는 어색함을 느끼고 싶지 않다면, 어색함을 물리쳐줄 완벽하면서도 결코 실패하지 않을 전략을 찾고 있다면, 내 친구가 만든 이 차트대로 실행해보는 건 어떨까.

이런 어색함 때문에 내가 공연에 큰 매력을 느끼는 게 아닐까 싶다. 매일 일상적으로 벌어지는 대화조차 내게는 일종의 공연이다. 일상생활에서 대화할 때보다 무대 위에서 대화할 때가 오히려 덜 지치고, 보상도 훨씬 더 크다.

어떻게 행동해야 하는지 어린 시절 내내 배워왔지만, 나를 신경전형인 세상에 끼워맞추는 건 꽤 어려운 일이었다. 내가 하는

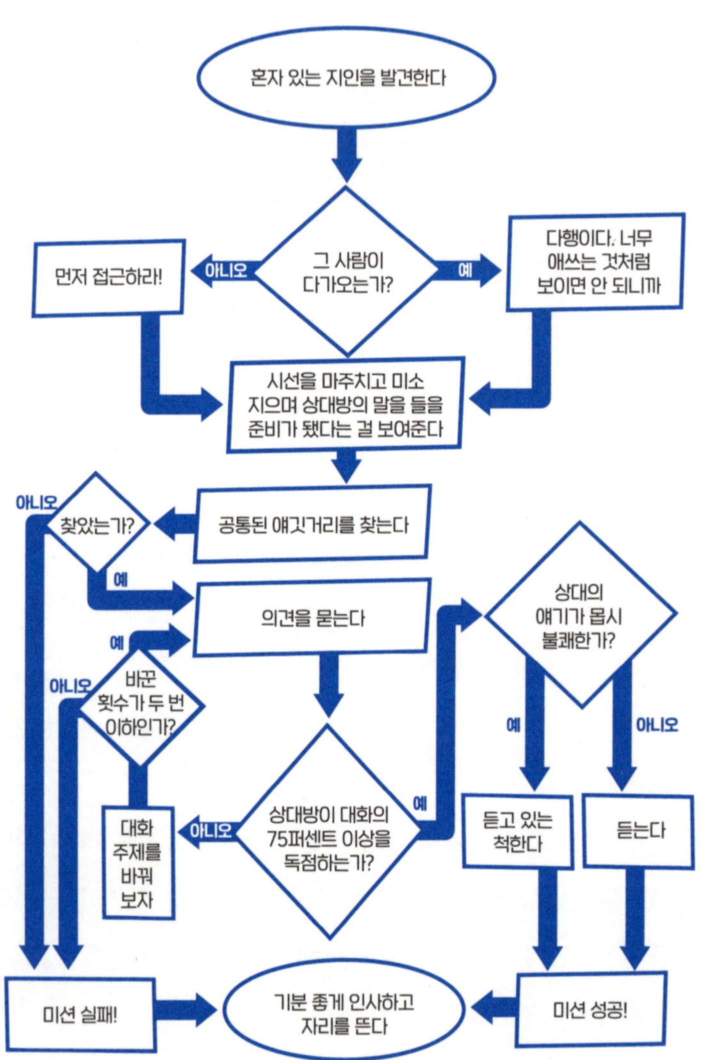

혼자 있는 지인을 발견한다
그 사람이 다가오는가?
아니오
먼저 접근하라!
예
다행이다. 너무 애쓰는 것처럼 보이면 안 되니까
시선을 마주치고 미소 지으며 상대방의 말을 들을 준비가 됐다는 걸 보여준다
공통된 얘깃거리를 찾는다
찾았는가?
아니오
예
의견을 묻는다
바꾼 횟수가 두 번 이하인가?
예
아니오
대화 주제를 바꿔 보자
상대방이 대화의 75퍼센트 이상을 독점하는가?
아니오
예
상대의 얘기가 몹시 불쾌한가?
예
아니오
듣고 있는 척한다
듣는다
미션 실패!
미션 성공!
기분 좋게 인사하고 자리를 뜬다

대화는 B급 영화에서 내뱉는 형편없는 대사 같았다. 자연스러운 행동을 적절하게 흉내 내는 건 못했지만, 다른 사람의 행동을 분석하는 내 능력은 훨씬 좋아졌다. 아주 미세한 움직임들, 예를 들자면 눈을 굴린다거나 전화나 텔레비전을 애타게 힐끗 바라보는 눈길 같은 것들은 눈치챌 수 있었다. 여전히 사람들은 내가 말을 하는 도중에 흥미를 잃곤 한다. 하지만 이제는 사람들이 보여주는 행동이 뭘 의미하는지 아주 잘 알기 때문에 '나는 참 일상적인 대화를 못하는구나'라고 느끼는 데서 그치는 게 아니라 그 사실을 뒷받침할 증거까지 갖췄다.

그즈음에는 이미 코미디 쇼를 꽤 정기적으로 하고 있었다. 누가 내 얘기를 지루해하는지 알아채는 능력은 코미디언으로서 유용하면서도 해로웠다. 관객 중에 문제가 될 만한 사람이 누군지 알아챌 수 있는 점은 좋았지만, 그 머저리한테 너무나 집중한 나머지 내 코미디에 웃어주는 나머지 사람들이 있다는 사실을 간과하게 되는 건 안 좋았다. 이건 자존심의 문제였고, 점점 내 자존감에 악영향을 끼쳤다.

나는 무대 밖에서도 자존심 문제로 고생하고 있었다. 내가 진심으로 소속감을 가질 수 있는 모임, 내가 같은 일원으로 받아들여졌다는 것을 느낄 수 있는 그런 모임을 찾는 일은 언제나 어려웠다. 어떤 모임이 됐건 내가 찾아들어간 곳에는 나를 싫어하는 사람이 한 명쯤은 꼭 있었다.

물론 나를 싫어할 만한 이유가 있었을 거다. 내가 사람들 옆에 너무 바싹 붙어 서기 때문일 수도 있고, 항상 '공연하듯이' 얘기하는 게 짜증 났을 수도 있다. 혹시 대화할 때 내가 계속 기차 얘기를 꺼냈기 때문일까? 아무튼, 이런 일은 살면서 여러 번 겪어봤다. 이건 '괴롭힘'이라고 불릴 만한 일도 아니다. 그보다 더 미묘한 행동들이다. 내가 방 안에 들어오면 조용히 한숨을 내쉰다거나, 내가 뭔가 말을 하려고만 하면 '또 시작이네'라는 표정을 짓는 것처럼. 그저 나를 싫어한다는 걸 보여주는 아주 사소한 것들.

이런 것에는 신경 쓰지 않는 게 좋다. 어떤 모임이든, 예를 들어 거기에 일곱 명이 있다면 그중 다섯 명은 날 좋아한다. 나를 싫어하는 사람은 오직 나머지 한 명과 나 자신뿐이다. 산술적으로 딱 들어맞는다. 하지만 자폐인들은 항상 문제를 해결하려 든다. 문제를 발견하면 거기에 집착하고, 그걸 해결하려 애쓴다. 그렇다 해도 누가 날 미워할 만한 진짜 이유가 없다면 아무것도 해결할 게 없다. 사람들이 날 좋아해주기를 바라는 게 아니다. 그저 사람들이 날 이해해주기를 바라는 거다. 이해받기 위한 이런 노력들이 모두 허사로 돌아간다면 그게 다 무슨 소용인가.

많은 자폐인들에게는 한 가지 공통점이 있다. 그건 바로 우리가 부정적인 것에 집착한다는 사실이다. 머리에 브리지 염색을 한 것이 멋지다고 열 명이 칭찬해줘도 단 한 명이 "너 오소리 같아"라고 한 마디 하면, 우리는 그 생각만 한다. 아니면 누군가 당신을 위해 문을 잡아줬다 치자. 당신이 고맙다고 말했지만 그 말을 듣지 못한 그 사람이 큰 소리로 "고마워할 줄을 몰라"라고 했다면. 이런 일들은 구름처럼 하루 종일 나를 휘감고 떠날 줄 모른다.

자폐인들은 사람들이 별생각 없이 차갑게 구는 것에도 힘들어한다. 다른 사람들 같으면 진작에 잊어버렸을 일에 집착하느라 기분이 안 좋다는 걸 깨닫고 나면 더욱 힘들어진다. 누군가 그냥 지나가면서 한 말에 왜 나는 하루 종일 혹은 일주일 내내 기분 상해 있는 걸까?

나는 이 문제를 정면돌파하기로 마음먹었다. 이런 사소한 문제로 내가 정말 좋아하는 일을 못 하게 돼서는 안 되니까. 그래서 창피를 당할 게 뻔한 일을 해보기로 마음먹었다. 세상에서 가장 이상하고 지나칠 정도로 진지한 예술의 한 장르, 바로 뮤지컬에 막무가내로 뛰어들었던 거다. 캘리포니아 레이즌스 노래를 커버했을 때보다 훨씬 나아졌으니 노래 실력만큼은 자신이 있었다. 거기에 더해 무대 장악력도 좋아졌다. B급 감성의 주크박스 뮤지컬 〈백 투 더 '80s〉에 오디션을 보는 게 어떻겠냐는 친구의 제안에 나는 오디션을 봤고, 주역을 따냈다.

드라마 수업을 함께 들었던 친구들도 많이 캐스팅되었고, 대체로 멋진 경험이었다. 사소한 문제들이 조금 있긴 했지만 이전에도 겪어봤던 것들이라 대단한 건 없었다. 대부분의 배우들이 대사를 외워오지 않았다든가, 내가 긴 파마머리를 해야 했다든가, 혹은 몇몇 노래 특히 1980년대에 메가 히트했던 보니 타일러의 발라드 〈토털 이클립스 오브 더 하트Total Eclipse of the Heart〉가 내 음역대에 아슬아슬하게 걸쳐 있었다든가 하는 문제들 말이다.

공연은 1980년대풍 감성을 한데 모아놓은 뮤지컬이었다. 〈케빈은 열두 살〉 스타일의 내레이션도 있었고(80년대 향수가 물씬 풍기는 시트콤 〈케빈은 열두 살How I Met Your Mother〉은 1960년대를 배경으로 한 주인공 소년의 성장기를 다룬 드라마인데, 거기에 세상을 달관한 듯한 어른 케빈의 내레이션이 들어간다. 〈내가 그녀를 만났을 때〉라는 드라마와 비슷하다), 모두들 어깨 뽕을 넣은 옷을 입었으며, 내가 맡은 배역은 학교에서 날 괴롭히는 녀석을 광선검 결투로 물리치는 걸 꿈꾸기도 한다. 어쨌건 무척 재미있는 공연이었다. 그러나 두 번째 공연이 있던 날 일이 벌어졌다.

'두 번째 공연의 저주'가 아주 낯설지는 않았다. 두 번째 공연의 저주란, 첫 공연의 성공에 우쭐해진 배우들이 다음 공연에서 실수하는 걸 말한다. 내가 바보같이 애프터 파티에서 목이 쉴 정도로 놀아버린 것도 이 저주에 한몫했다. 다음 날 하루 종일 목을 풀며 도레미파솔라시도를 불러봤지만, 결국 인정해야만 했다. 그날 밤 공연에서 울려 퍼질 〈토털 이클립스 오브 더 하트〉는 정말로 형편없으리라는 것을.

공연은 예상했던 대로였다. 엉망이었다는 뜻이다. 〈스타워즈〉 꿈을 꾸는 장면이 있었는데, 다스 베이더로 분장한 상대가 광선검 결투를 하다가 내 손목을 자르는 대목이었다. 그런데 이번에는 싸움이 시작되기도 전에 내가 광선검을 꺼내 들었고, 그만 검 부분이 뚝 떨어져버렸다. 나는 너무나 당황한 나머지 손에 붙인 가짜 손목을 떼어 들고 그걸로 상대 녀석을 때렸다. 당신이 그 자리에 있었다면 다스 베이더 가면이 당황하는 모습을 볼 수 있었을 것이다.

그게 다가 아니었다. 아, 어쩌란 말인가. 중간 휴식 후에 나는 보니 타일러보다는 킴 칸스(1980년대에 유명했던 발라드 가수로 거친 목소리가 특징이다) 스타일에 더 가까운 〈토털 이클립스 오브 더 하트〉를 불러야 했으니. 일단 배경 설명이 필요할 것 같다. 내가 맡은 배역 코리는 부모님이 돌아오시기 전에 광란의 파티 흔적을 지우기 위해 집을 열심히 청소한다. 쓰레기를 집 밖에 내다버리던 중 짝사랑하던 여자애가 자신의 원수라고 할 수 있는 마이클과 껴안고 있는 걸 목격한다. 그걸 보고 코리가 〈토털 이클립스 오브 더 하트〉를 부르는 것이다.

안 올라가는 음을 짜내면서 노래를 부르는 동안 관객석에서 내 나이 또래의 몇몇 아이들이 미친 듯이 웃어대는 걸 발견했다. 덜컥 겁이 났다. 이게 스탠드업 코미디였다면 내가 뭐라도 반응을 보이거나 말을 할 수 있었을 텐데, 뮤지컬이니 그저 그들의 모습을 지켜보며 노래를 부르는 것밖에 할 수 없었다. 그건 정말 힘든 일이었다. 〈토털 이클립스 오브 더 하트〉는 정말 긴 노래였기 때문이다. 무려 8분에 달하는 〈스테어웨이 투 헤븐Stairway to Heaven〉 정도는 아니었지만 이것도 얼추 6분은 되었다.

나는 엉망인 상태로 무대를 내려왔고 괜히 사람들에게 화풀이를 했다. 사람들은 내게 객석에서 야유하던 아이들은 마이클 역할을 맡은 배우의 친구들이라고 알려줬다. 그 배우가 무대 위에서 6분씩이나 다른 여자 배우와 껴안고 있는 동안 그의 실제 여자친구가 조명을 쏴주고 있었기에 웃었던 거라고. "아, 그랬구나…."

나는 마침내 깨달았다. 고작 한 줌도 안 되는 사람들의 생각에 휘둘리면서 살아갈 수는 없다고. 사람들의 비언어적 행동에 담긴 의미를 날카롭게 알아챌 수 있더라도 내가 틀릴 때도 있다고. 어떤 사람들은 심술궂어 보이는 얼굴을 기본 표정으로 장착하고 있으니까. 나도 기본 장착 표정이 변비에 걸린 얼굴이라 잘 안다.

시간이 흐르면서, 사람들이 날 싫어하면 어쩌나 하는 두려움에
도 점점 능숙하게 대처할 수 있었다. 누구를 만나든, 뭘 하든 무조
건 날 싫어하는 사람은 어디에나 꼭 있다는 사실을 인지하는 것
만으로도 도움이 됐다. 살아가는 내내 그런 사람은 생길 거다. 이
사실을 확실히 깨닫고 나면 마음이 편안해진다. 어떻게 하면 남
의 비위를 맞출까, 어떻게 하면 사람들 마음에 들까 걱정하지 않
는다. 애초에 그럴 수 없다는 걸 아니까. 자칫 허무주의처럼 들릴
수는 있지만, 이런 경우에는 체념하는 게 훨씬 낫다.

내 연기 경력은 그리 오래가지 못했다. 친구 하나가 내게 에이
전트를 구하는 게 어떻겠느냐고 조언해줬다. 나는 고등학교 수업
을 빠지고 〈데그라시Degrassi〉라는 청소년 드라마에서 단역을 맡

기도 했다. 그건 마치 회사에 휴가를 내고 연극 공연을 하는데 연극에서 회사원 역할을 맡은 격이었다. 다행스럽게도 내게는 고등학생 역할을 그럴듯하게 소화할 수 있는 경험이 있었다. 연기를 다시 하게 되어 기뻤다. 적어도 남들이 무슨 생각을 하는지 내가 알 도리는 없고, 걱정해봐야 소용없다는 걸 알게 된 것만으로도 좋았다.

(자폐) 인간 극장

리들리 스콧 감독이 만든 SF 누아르 영화 〈블레이드 러너〉의 시작 장면. 유전자 조작으로 탄생한 안드로이드 레플리칸트는 방으로 끌려와 일련의 질문을 받게 된다. 그 질문들은 사람과 로봇을 구분하기 위해 고안된 것으로, 감정적 반응을 자극하도록 만들어졌다. 만일 레플리칸트가 올바르게 대답하지 못하면 그들은 처형되고 만다.

처음 저 장면을 봤을 때는 막 열다섯 살이 되었을 무렵인데, 영화를 보는 순간 과거의 기억이 떠올랐다. 나는 로봇이 아니다(내가 알기로는). 그리고 정부의 눈을 피해 도망 다니는 신세도 아니다(아직까지는). 하지만 저 장면을 보는 순간 나 역시 감정적인 반응을 유도하기 위해 고안된 질문들을 받았던 때가 떠올랐다. 그때 나도 제대로 된 대답을 하지 못할까 봐 두려웠었다. 내 뇌는 보통 사람들과 다르니까(〈블레이드 러너〉에서는 진짜로 뇌가 달랐고). 그 이미지는 계속 나를 따라다녔다.

나는 심문당하고 잡혀가는 레플리칸트들에게 동질감을 느꼈다. 내게 〈블레이드 러너〉는 전형적인 신경학적 모델에 맞지 않는 사람들을 박해하는 영화로 보였다. 이 영화를 보고서야 비로소 진정한 '공감'이 뭔지 깨달았다. 또한 영화를 어떻게 봐야 하는지도 이 영화를 통해 배웠다.

나는 어릴 때부터 온갖 종류의 영화를 좋아했다. 〈블레이드 러너〉를 보기 전까지 캐릭터나 이야기 자체를 좋아했던 영화도 꽤 많았다. 하지만 이 영화를 보고 나서야 비로소 영화의 목적에 대해 질문하게 됐다. 왜 감독은 이런 선택을 했을까? 왜 이 두 개의 이미지를 나란히 보여준 걸까? 이 장면에서는 어째서 이런 분위기를 연출하기 위해 이런 조명을 쓴 걸까?

영화는 사람들이 자폐에 대한 인식을 형성하는 데 지대한 영향을 끼쳤다. 가장 유명한 것으로는 〈레인맨〉이 있다. 더스틴 호프만이 자폐성 천재를 맡아 열연했던 1988년 영화다. 지금은 자폐가 주제가 아닌 영화에서도 자폐인 주인공이 등장하기도 한다. 숫자에 탁월한 능력을 지닌 자폐 회계사가 주인공인 〈어카운턴트〉처럼.

영화에서 보이는 자폐의 모습이 꼭 틀렸다고 생각하지는 않는다. 작가들도 전문가와 인터뷰를 하고 나름대로 조사를 많이 한 것 같으니까. 하지만 작품 속 캐릭터들은 종종 진짜 사람이라기보다 자폐 증상들의 집합체처럼 보인다. 독특한 버릇이나 행동을 모아놓고 그것을 이 캐릭터의 성격입네 하며 보여준다. 영화에서 자폐인을 그릴 때 문제점은 자폐가 그 캐릭터를 설명하는 가장 중요한 핵심이 된다는 거다. 자폐라는 건 인물이 가진 여러 특징 중 하나이지 인물 자체는 아니다.

조사를 잘하기로 유명한 짐헨슨컴퍼니The Jim Henson Company는 자폐자조네트워크Autism Self Advocacy Network와 협업하여 〈세서미 스트리트〉에 나오는 자폐 아동 캐릭터 줄리아를 만들었다. 줄리아의 모습이 혁명적이었던 이유 중 하나는 작가들이 전문가에게만 의존하지 않았기 때문이다. 그들은 곧바로 자폐인들을 찾아갔다. 작가들과 자폐인들이 함께 머리를 맞대었다는 건 대단한 일이었고, 덕분에 진솔하고도 생생한 창작물을 만들어낼 수 있었다.

요즘은 자폐 영웅이 나오는 영화가 많아져서 기쁘다. 그것도 눈물겨운 내적 갈등을 겪는 주인공 이야기가 아니라 대규모 예산을 쏟아부은 액션 영화라니! 그 영웅 중 하나가 파워레인저이니, 말 다했다.

주인공이 극복해야 할 최대 난제가 자신이 가진 자폐라는, 진부한 이야기의 답습에서 이제야 비로소 벗어나는 중이다. 드라마 〈굿 닥터〉를 보라. 이제 악당은 자폐인과 함께하는 것을 거부하는 기관이다.

자폐인 주인공들도 불리할 수도 있는 자신의 장애를 오히려 장점으로 바꾸는 법을 터득했다. 가히 초능력이라 부를 수도 있을 것이다.

〈블레이드 러너〉를 보고 깊은 감명을 받은 나머지 영화에 대한 내 집착은 더욱 커져만 갔다. 여름방학 동안 나를 보낼 캠프를 찾던 부모님께는 잘된 일이었다. "그럼 영화 캠프에 보내지, 뭐." 부모님은 어깨를 으쓱하며 말했다. 그곳에서 나는 영화에 대한 내 애정을 충족할 수 있었을 뿐만 아니라 내가 찾아 헤매던, 내가 진정으로 속할 수 있는 그룹도 발견했다.

7월 첫째 주 무렵, 후덥지근한 날씨 속에 부모님은 나를 캠프에 보내기 위해 캐나다 쪽 나이아가라 지역으로 향했다. 그곳에 도착하자마자 지역 주민들, 캠프 참가자, 강사 할 것 없이 모두 나를 격하게 환영해줬다. 캠프가 좋은 곳이라는 걸 알고 부모님은 발 뻗고 편히 주무실 수 있었고, 나도 그곳에 도착한 이후로 신나게 즐겼다.

이 캠프는 지금까지 내가 경험했던 그 어떤 것과도 달랐다. 매일 밤 대중문화를 주제로 한 저녁 식사가 이어졌는데, 스태프들이 캐릭터로 분장하고 돌아다녔다. 예를 들어 첫째 날 밤은 드라마 <사인필드>를 주제로 한 뷔페였는데, 캠프 인원 전체가 식당 밖에 줄을 섰지만 안에는 들어가보지도 못했다. 손님이 주인 마음에 안 들면 수프를 절대로 주문할 수 없는 '수프 나치' 에피소드를 패러디한 것이었다.

캠프는 정말 좋았다. 캠프에서 보냈던 때가 마치 어제 일인 것처럼 기억이 선명하다. 10년도 안 지난 일이라 이 정도 기억하는 건 쉽다.

저녁 시간을 그렇게 보냈다면 낮 시간에는 심도 깊은 영화 공부("카메라는 이렇게 켜는 거예요")와 각 조 안에서의 지적인 대화들("난 스탠리 큐브릭 감독이 카메라 켜는 방식이 좋더라")로 채워졌다.

이 캠프에서 가장 흥미로웠던 점은 사람들이 자신의 정신건강에 대해 터놓고 얘기하는 분위기였다는 거다. 이 캠프가 딱히 진단명이 있는 아이들을 위해 고안된 프로그램은 아니었지만, 공교롭게도 참가자 중 많은 아이들이 신경학적 혹은 정신적 다양성을 지니고 있었다. 그리고 이곳에서는 어느 누구도 남과 다르다는 딱지를 붙이지 않았다. 실제로 약 먹을 시간이 되면 양호실 바깥에는 각자 자기 약을 받아 가려는 줄이 1킬로미터는 늘어섰고, 아이들은 아무런 거리낌 없이 자신의 장애에 대해 서로 얘기했다. 이건 완전히 새로운 경험이었다.

이렇듯 우리는 관심사와 비슷한 점이 많았기에 친해질 수 있었다. 나는 이미 학교에서 자폐 친구들과 '우리는 같은 동족'이라는 경험을 해본 적이 있다. 하지만 이건 달랐다. 우리가 모두 영화를 사랑하는 사람들이라는 점은 신선한 자극이 되었고, 새삼스레 짜릿했다. 여기서 사귄 친구들은 다른 곳에서 만난 아이들과는 전혀 달랐다. 대부분 나보다 약간 나이가 많았고, 예술적 감수성이 풍부했으며 멋있었다. 캠프는 내게 제2의 집처럼 느껴졌고, 여름이 끝날 무렵에는 우리가 헤어져야 한다는 사실이 몹시 견디기 힘들었다. 캐나다 온타리오주에 사는 나와 달리 이 친구들은 유럽에 살고 있었지만, 나는 순진하게도 우리가 계속 연락을 하고 지낼 거라고 생각해 이렇게 말했다. "우리 한 달에 한 번씩 모이자."

연락처를 받기 위해 친구들에게 종이를 돌렸지만 내게 돌아온 종이에는 전화번호가 없었다. 오직 이름뿐이었다. 친구들은 "페이스북에 친구 추가 해줘"라고 말했지만 나는 페이스북이 뭔지 몰랐다.

내가 비둘기를 날려 소식을 전할 정도로 시대에 뒤처진 사람

앞선 챕터에서 지적했듯이 자폐 사회는 고질적인 영웅 부족에 시달리고 있다. 우리를 대표할 만한 영웅이 없다는 말이다. 적어도 슈퍼히어로 만화책 분야에서는 그게 사실이다. 나는 이걸 바꾸고 싶었다. 그리하여 슈퍼히어로 자폐 영웅들을 여기에 소개하노니.

THE MONOPOLIZER

캡틴 투 머치 토커
대화의 달인이자 총사령관.
투 머치 토킹은 그의 파워이자
약점이기도 하다!

SUPER SENSORY GIRL

초민감 소녀
망토를 두르는 것도 두렵지 않다.
거기에 라벨만 붙어 있지 않다면.

Miss Understanding

미스 언더스탠딩
상대방이 하는 말이 농담인지 아닌지
구분이 안 가서 항상 웃고 있다.

SPACE JAM

바싹붙어 맨
상대방에게 너무너무너무
가까이 서 있기로 둘째가라면
서럽지.

LITTLE STIMMY

꼬마 반복이
도와달라고 발버둥 치는 게 아니다.
원래 늘 저런다.

LITERAL MAN

문자그대로 맨
융통성 없이 항상
'문자 그대로' 말하고 알아듣는 '사람'.

121

은 아니었지만, 우리 집은 바로 그전 해에야 집에 인터넷을 깔았다. 내 핸드폰이 생긴 것도 훨씬 나중이었는데, 그것조차 부모님이 하나 장만하라고 해서 가진 거였다. 즉, 집 전화 말곤 나와 연락할 방법이 없었다.

그럼에도, 실현 가능성이 제로라고 해도 어떻게 해서든 다음 여름이 오기 전에 새로 사귄 친구들과 함께 시간을 보내고 싶었다. 나는 페이스북 계정을 만들고 미지의 세계로 기나긴 여정을 떠났다.

더 얘기하기 전에 이 점은 확실히 하고 싶다. 신기술은 백해무익하며 기술이 우리 세대를 망쳤다고 비난하려는 게 아니다. 솔직히 인터넷은 특히 자폐인들에게 굉장히 큰 도움이 된다. 롱플래닛Wrong Planet과 같은 자폐 커뮤니티 웹사이트는 현실에서 사람들과 만날 때 으레 겪을 수밖에 없는 긴장과 불안감 없이도 자폐인들이 모일 수 있는 사이버 공간을 제공해준다.

"아까부터 계속 핸드폰을 확인하잖아! 날 싫어하는 거 아닐까?!" 이런 불안감들 말이다.

요새는 인터넷만 있으면 자폐인도 과학이나 정치, 혹은 〈스타워즈〉에 한 번 스치듯 등장하는 엑스트라 배역에 대해 대여섯 장 분량의 글을 올릴 수 있고, 그들과 기꺼이 소통하려는 대중을 만날 수 있다. 현실에서는 이런 주제에 대해 30분 동안 혼자 떠들어도 참고 들어줄 사람을 찾기가 어렵다는 걸 생각해보면 확실히 인터넷이 좋기는 하다. 내가 처음 소셜미디어에 입성했을 때는 소풍이라도 나온 기분이었다. 나와 취미나 관심사가 비슷한 사람들을 만나서 포켓몬이나 공룡이나 초록색에 대해 신물이 날 때까지 떠들 수 있는 그런 세상이 갑자기 눈앞에 펼쳐지다니… 적어도 나는 그런 줄 알았다.

알고 보니 온라인상에서 사람들과 대화하는 건 실제로 만나서 대화하는 것과 크게 다르지 않았다. 페이스북에서 만난 사람들은 리오플레우로돈이 어째서 티라노사우루스보다 더 나은가에 대해 토론할 시간이 없었다. 사람들은 아주 잠깐 짬을 내서 SNS 상태를 업데이트하고, 계란 껍데기에 대고 비명을 지르는 앵무새 비디오에 '좋아요'를 누른 뒤 다시 바쁜 자신들의 삶으로 돌아갔다.

그렇게 얼마간 시간이 흐른 후, 나는 새로 사귀었던 캠프 친구들과 연락을 이어가는 걸 포기했다. 그 친구들 잘못은 아니었지만 모니터를 마주하는 건 직접 만나 수다를 떠는 것에 비할 바가 못 되었다. 게다가 이때는 아직 핸드폰이 손안의 작은 컴퓨터가 아니었다. 문자를 보내면 답장은 하세월이었고, 사람들은 다른 할 일이 너무나 많았다.

이쯤 되면 제정신 박힌 사람들은 현실을 받아들이고 캠프에서 만난 친구들과는 내년 여름을 기약했겠지만, 나는 다른 길을 선택했다. 캠프에서 사귄 친구들의 복제품을 찾으려고 했던 거다. 나보다 나이가 조금 많고 예술적 감수성이 풍부하고 멋진 학교 선배들과 친해지면, 캠프에서 느꼈던 그 마법을 다시 경험할 수 있지 않을까.

해마다 열리는 핼러윈 댄스파티에서 딱 그런 선배들을 발견했다. 나는 핼러윈을 맞아 〈뚝딱뚝딱 밥 아저씨〉와 〈현상금 사냥꾼 도그Dog the Bounty Hunter〉의 끔찍한 혼종인 '뚝딱뚝딱 도그'로 분장했다. 그 선배들은 문 옆에서 어울리지 않게도 우스꽝스러운 차차 슬라이드 댄스를 추고 있었는데, 스탠리 큐브릭 감독의 영화 〈시계태엽 오렌지〉에 나오는 갱단으로 분장을 한 채였다. 덕분에 나는 스탠리 큐브릭 감독과 영화에 대해 이야기를 꺼낼 수 있었고, 우리는 바로 친해졌다.

다음 날 나는 이 개성 강한 선배들과 점심을 함께 먹게 됐는데, 그 자리에서 3학년 때 만들었던 〈보글보글 스폰지밥〉 연극판의 음울한 후속작에 대한 아이디어를 선보였다. 역사상 최악의 환경 재난으로 일컬어지는 딥워터 호라이즌 기름 유출 사고를 배경으로

124

한 아포칼립스 드라마였다(반전도 있다. 데니스는 죽지 않았다!). 마치 영화 캠프에 다시 간 느낌이었다. 정신을 차려보니 어느덧 그들과 함께 점심을 먹으며 영화 얘기를 하는 밥 친구가 되어 있었다.

자폐 친구들과는 공통된 관심사가 줄어들었다. 그 아이들은 나와 밥 친구 선배들만큼 영화에 미쳐 있지 않았다. 나는 더 이상 일본 애니메이션 클럽에 가지 않았다. 허브에도 발길을 끊었다. 허브에서 아이들이 최신 게임 트렌드에 대해 얘기를 나눌 때 나는 도서관에서 온갖 제3세계 영화에 파묻혀 살았다.

그렇게 1년이라는 시간이 흐르는 동안 우리는 거의 만나지 않았다. 참 안타까운 일이었다. 왜냐하면 자폐인에게 기대할 수 있는 단 한 가지가 있다면 그건 시간을 정확히 지키는 꼼꼼함이니까. 반면에 캠프 친구들을 대신하기 위해 새로 사귄 예술가 선배들은 뭐랄까… 좀 더 내충내충 하는 타입이었다. 그 선배들이 나쁜 사람들이었다는 얘기는 결코 아니다. 하지만 이제 와 생각해보니 우리는 나 혼자만 함께 놀고 싶어서 애달아하는 사이였다.

예를 들면, 매일 밤 방과후에 나는 영화 선배들이 있는 단체 채팅방에 제안을 올리곤 했다. "형들 안녕! 이번 주말에 같이 놀래?" 곧이어 내 인생 최대의 적이 모습을 드러낸다. 바로 '읽음' 표시. 그건 이후에 일련의 수치스러운 상황이 일어날 것임을 알려주는 첫 번째 신호다. 채팅방에 있는 사람들이 내 메시지를 봤음에도 거기에 답을 하느니 차라리 다른 일을 하는 게 낫다고 생각한다는 뜻이니까.

이번에는 조금 더 매달리는 글을 또 하나 올려 반격을 시도한다. 대충 "시간 안 되면 할 수 없지. 진짜 괜찮아. 혹시 다음 주는 어때?" 같은 내용으로.

읽음 표시가 또다시 나타난다. 그리고 사악하기로는 읽음 표시에 버금가는 또 다른 적 '입력 중' 표시가 그 자리를 차지하며, 어쩌면, 정말로 어쩌면 누군가는 내게 답장을 하는 게 아닐까라는 거짓된 희망을 품게 만든다. 하지만 그런 일은 일어나지 않는다. '입력 중'은 사라지고 그 자리엔 그저 '읽음' 표시만 덩그러니 남는다.

시간은 속절없이 흘러간다. 사람들이 내 글을 읽은 지 30분이 지났다. 그리고 두 시간이 지났다. 주말에 같이 노는 일은 완전히 물 건너갔다는 걸 깨닫고, 나는 당황해서 아무거나 닥치는 대로 마구 글을 써댄다. 나는 어떻게 지내고 있는지, 새로 보는 드라마가 뭔지, 아무개 영화감독이 얼마나 과대 포장됐다고 생각하는지 등등. 아무런 반응이 없다.

이제 이 사람들은 나하고 영영 얘기를 안 하려나 보구나….

그렇게 네 시간이 지난 후. 답장이 한 줄 뜬다. "미안. 이번 주는 할 일이 태산이야."

나도 답한다. "괜찮아!"

대화는 그렇게 끝난다.

이제 와서는 좀 후회되지만, 이런 내 행동은 매일 밤 반복됐다. 그러는 동안 예전 자폐 친구들 몇몇이 내게 놀자고 연락해온 적도 있었지만 나는 어리석게도 응하지 않았다. 아빠의 표현을 빌리면 '더 나은 제안'을 기다리고 있었기 때문이다. 이게 무슨 말인고 하니, 누군가 같이 놀자는 말에 "글쎄, 어쩌면"이라고 답하는 건 다른 할 일이 있어서가 아니라 그보다 더 재미있는 일이 생기지는 않을까 하고 기다리기 때문이라는 것이다. 초등학교 때는 내가 저런 말을 듣는 입장이었는데, 지금은 내가 내 친구들을 저렇게 대하고 있었다.

그리고 또 하나 알게 된 사실이 있다. 신경전형인 고등학생들은 약속에 대해 나만큼 진지하게 생각하지 않으며, 핸드폰이라는 효율적인 문명의 이기를 손에 쥐게 된 후로는 더더욱 그렇다는 것을. 자폐인들은 모든 게 확실히 결정됐다는 안정감이 필요하다. 만일 우리가 어디에서 몇 시에 만나기로 했다면 우리는 꼭 만나야 하고, 만일 약속을 취소하고 싶다면 상대가 가능한 한 빨리 나한테 알려줄 거라는 확고한 상호 신뢰가 필요하다. 하지만 이렇게 생각하지 않는 사람들이 많다. 왜냐하면 그들 손에는 언제라도 즉시 상대에게 연락할 수 있는 기기가 있으니까.

사람들은 핸드폰이 있으니까 약속 시간 바로 직전에 취소를 해도 괜찮다고 여긴다. 약속 시간 바로 전에 전화해서 "미안, 알람을 끄고 자버렸어"라고 해도 된다고 생각한다. 이제 막 핸드폰을 가진 나는 사람들이 이렇게 행동하는 줄 몰랐다. 나는 운전면허도 없었기 때문에, 나타나지도 않을 사람을 기다리느라 시내에 혼자 발이 묶이는 상황을 숱하게 겪었다. 이런 일이 반복되자 새로 사귄 고등학교 친구들과의 관계는 서서히 금이 갔고, 결국 더 이상 가까워지지 못했다.

나를 위해 기꺼이 시간을 내주는 사람이 내게 정말로 중요한 사람이라는 것을 아주 오랜 시간이 흐른 후에야 깨달았다. 우정은 단순히 같은 것을 좋아하고 취미가 같다는 것 이상의 무언가

가 있다. 힘든 삶을 잠깐이라도 잊을 수 있도록 기꺼이 시간을 내

어 함께하는 것. 그것이 우정이다.

5월이 됐을 때 나는 고개를 숙이고 다시 허브로 돌아갔다. 자폐 친구들은 이전과 다를 바 없이 나를 기꺼이 받아주었다. 애초에 내가 허브를 떠난 적이 없었던 것처럼. 예술가 선배들이 모여 있는 복도 저쪽 방에서 영국 싱어송라이터인 엘비스 코스텔로의 음악이 희미하게 들려왔다. 그들이 잘 지내기를 속으로 빌며 허브의 문을 꼭 닫았다.

그해 여름 나는 영화 캠프에 다시 참여했다. 하지만 캠프가 끝났을 때 아이들의 이름을 받아 적지는 않았다. 캠프에 참가할 때부터 알고 있었으니까. 이 아이들과 함께하는 소중한 시간은 순식간에 지나가니, 나중에 다시 만날 수 없다고 걱정하는 대신 이 짧은 캠프를 만끽해야 한다는 걸.

이런 세상에! 〈블레이드 러너〉 마지막 장면을 이제야 이해한 것 같다!

숨은 의미 찾기

나는 맥락 속에 숨겨진 뜻을 잘 파악하지 못한다. 농담을 하는 건지 아닌지 알아채는 것도 무척 어렵다. 말 속에 숨은 의미를 제대로 이해하지 못해서 살아오는 동안 온갖 우여곡절을 겪어왔는데, 그 첫 시작은 친구의 여덟 살 생일파티였다. 생일파티에서 우리는 물풍선 싸움을 했다. 마침 들고 있던 풍선이 내가 제일 좋아하는 초록색이었기 때문에 나는 그걸 던지고 싶지 않았다. 그 모습을 본 한 어른이 내게 "그냥 몸 가는 대로 해봐"라고 했고, 나는 그 조언을 그대로 따랐다. '몸 가는 대로' 그냥 달렸던 거다. 도시 외곽까지 주욱. 사람들이 나를 찾는 데 두 시간이나 걸렸다.

적혀 있는 글자 그대로를 의미하는 말을 축어적逐語的 언어라고 한다. 반면 비유 언어는 우리가 요점을 꿰뚫어 '볼' 수 있도록 단어의 의미를 다른 것에 빗대어 묘사한다. 직유·은유·과장을 주로 사용하는데, 때로는 원래 의미와 전혀 다른 것에 비유하기도 한다. 비유 언어는 시를 쓸 때는 아주 유용하지만, 자폐 장애인들에게는 골치 아픈 문제다.

비꼬는 말도 어렵긴 마찬가지다. 비꼬는 건 그 사람의 말투나 어조에 드러나기 마련인데, 우리 자폐인들은 그걸 눈치채는 게 힘들다. 상대방이 완전히 드러내지 않는 한 빈정거리는 말을 이해하는 데 애를 먹는다. 늘 속으로 "저 사람은 진심으로 하는 말인가?" 하고 고민하게 된다.

자폐인과 얘기할 때는 가급적 문자 그대로를 뜻하는 용어와 직접적인 언어를 쓰는 게 좋다. 우리가 말의 어조나 비언어적 의사소통을 어려워한다는 점도 기억해두자.

문자 그대로에 충실한 사람들이다 보니 우리 자폐인들 대부분은 진실을 사수하는 편이다. 만일 누가 의견을 물으면, 우리는 하나도 빼놓지 않고 좋은 것이든 나쁜 것이든 모조리 말해준다. 다들 똑똑한 사람들이니 그 정도는 감당할 수 있을 거라고 생각해서. 하지만 솔직한 것과 일방적인 '팩트 폭행'은 천지 차이다. 많은 자폐인들처럼 나도 쓰라린 경험을 하고서야 그걸 깨달았다. 당신이 자폐인이라면 말하기 전에 이게 진짜 말해도 괜찮은 내용인지 한 번쯤 멈춰서 생각해보길 권한다. 솔직함이 미덕이라고는 하지만, 과도한 솔직함은 때로 사람들의 반감을 사는 법이다.

나를 비롯한 많은 자폐 친구들은 대화하는 데 어려움을 겪는다. 특정 주제에 대해서는 지나치게 구구절절 늘어놓지만 어떤 주제에 대해서는 충분히 설명하지 못한다. 이것 때문에 곤란을 겪은 적이 있었는데, 특히 연애 전선에서 그랬다.

미디어는 자폐인들의 연애에 대해 수많은 고정관념을 퍼뜨렸다. 사람들은 우리가 너무 감정이 메말랐다거나 신경증이 심해서 보통 사람처럼 사랑에 빠질 수 없다고 여긴다. 앞에서도 말했지만 자폐인들도 감정을 느낄 수 있다. 사실 우리는 한 번에 너무 많은 걸 느끼기 때문에 그걸 감당할 수 없어서 우리 스스로를 닫아버리는 것이다. 우리가 느끼는 감정이 어떤 의미인지 정확히 파악하는 게 힘들기도 하고.

초등학교 3학년 때 사귀었던 첫 여자친구 덕분에(앞에서 결론 내렸듯이 내 진짜 여자친구는 아니었지만) 연애를 할 때 뭘 추구해야 하는지 깨달았다. 간단히 말하자면 같이 시간을 보낼 수 있는 사람을 찾고 싶은 거였다. 내가 봐온 부모님의 관계도 이런 이상적인 목표를 세우는 데 영향을 줬다. 우리 부모님은 서로 손을 잡는다거나 꽃다발을 가져다주는 사이는 아니었다. 대신에 두 분은 현관 앞에 앉아서 맥주를 나눠 마시며 농담하는 걸 좋아하셨다. 내가 보기에 연애를 한다는 건 버디 캅 영화 주인공들과 비슷했다. 재치 있는 농담을 주고받으며 서로의 존재를 참고 견디는 것.

외향적인 내가 여자친구를 만드는 일은 결코 어렵지 않았다. 난 시끌벅적했고 요란했으며, 사람들은 내 공연 보는 걸 좋아했다. 하지만 결국에는 다들 나한테 질리고 말았다. 공연하는 무대 위의 나를 보고 좋아했던 사람들은 곧 내가 항상 그런 모습은 아니라는 걸 깨달았다. 공연할 때를 제외하면 다소 재미없는 사람이었으니까. 실상을 알게 되면 그녀들은 나를 차버렸다. 다만 한 가지 문제가 있었다. 여자친구와의 커뮤니케이션 오류로 인해 내가 차였다는 사실을 모르고 지나갈 때가 많았다는 거다.

한번은 이런 일이 있었다. 2009년 여름, 학교는 방학을 했고 나는 여름캠프에서 만난 여자애와 데이트를 시작했다. 모든 게 순조롭게 진행되고 있는 줄 알았는데, 갑자기 상황이 바뀌었다. 뭐가 문제였는지는 모르겠다. 여자친구가 나한테 직접적으로 헤어지자고 한 게 아니었으니까. 다만 어느 순간부턴가 아무런 설명도 없이 내게 연락을 끊었다.

마침내 두 달이 흐른 후, 나는 침묵을 깨고 여자친구에게 전화를 하기로 결심했다. 할 수만 있다면 직접 만나서 서로 산뜻하고 깔끔하게 헤어지고 싶었다. 전화로 헤어진다는 발상 자체가 언제나 무례하게 느껴졌으니까. 하지만 그게 확실한 마무리를 할 수 있는 유일한 방법이었다. 나는 용기를 내어 전화를 걸었다.

"여보세요."

"안녕! 저기, 우리 헤어진 거니?"

"어머, 내가 너한테 말 안 했구나."

그렇게 끝이 났다.

다음 해 여름, 다른 여자애와 똑같은 일이 또 일어났다. 이 친구도 갑자기 연락을 끊어버렸다. 그러다가 다른 친구에게 들었는데 그애는 나에게 헤어지자고 말하고 싶어 했지만, 그애 엄마가 그러면 내 마음이 아플 거라고 하지 말라고 했단다.

네? 뭐라고요?

고등학교에 들어갔을 무렵에는 꽤 오랫동안 여자친구가 없었다. 하지만 주변에 내가 좋아하는 친구들은 많았다. 친구 그룹 안에서 서로 사귀기 시작하면 그 그룹이 어떻게 와해되는지 본 적이 있었기 때문에 당분간 연애는 멀리하는 게 좋겠다고 생각했다.

그러다 고등학교 2학년이 됐을 때, 내 친구 생태계 밖에 있는 여자친구를 사귀게 됐다. 난 그애를 좋아했고 함께 있는 건 즐거웠지만, 소위 말하는 '칭찬 배틀' 때문에 무척 힘들었다. 칭찬 배틀이란 누군가 당신을 칭찬해주면 '이번 칭찬 좋았는데? 난 더 좋은 칭찬을 해주지!' 하고 생각하는 것이다. 그래서 더 좋은 칭찬을 해주면 상대방은 더욱 좋은 칭찬으로 갚아주고, 당신은 그보다 더욱더 좋은 칭찬을 해주고, 계속 더, 더, 더.

그때 상황을 알려주자면 이렇다. 우리는 주말을 맞아서 여자친구네 별장에 놀러 갔다. 토요일이었고, 현관 앞에서 진저에일을 나눠 마시고 농담 따먹기를 하며 해가 지는 걸 바라보고 있었다. 부모님이 아셨다면 필시 자랑스러워하셨으리라. 딱 이때까지는 좋았는데, 그러다가 다음 대화를 나누게 되었다.

여자친구: 너랑 같이 있는 게 참 좋아.
나: 응. 나도 너랑 영-원토록 함께 있고 싶어.

프러포즈가 아니었다. 그저 칭찬 배틀이었을 뿐. 하지만 여행에서 돌아올 때까지 그녀는 내게 한마디도 하지 않았다.

일주일이 지났을 때 참다못해 전화를 했다. "내가 한 말 때문에 네가 좀 겁먹은 거 같은데. 난 그런 의미가 아니었어. 하지만 네가 더 이상 만나고 싶지 않다면 이해해."

그녀는 별거 아니라는 듯 말했다. "미안하지만 우리는 잘 안 맞는 거 같아. 뭐라고 비유하면 좋을까. 너 혹시 〈홈스턱Homestuck〉이라는 웹툰 봤어?"

"아니."

"그러니까, 처음 시작 부분에서 말이야…"

듣자 하니, 우리는 마치 그 웹툰에 나오는 어쩌고-트롤이랑 저쩌고-요정 같단다. 즉, 우리는 성향이 비슷하지 않기 때문에 절대 함께할 수 없는 사이라는 말이었다. 하지만 그렇게 직설적으로 말하는 대신 그녀는 위키피디아에 의하면 성경보다도 더 길다는 〈홈스턱〉 전체 줄거리를 줄줄 읊기 시작했다. 그녀가 얘기를 끝냈을 즈음에는 내가 차였다는 사실도 잊어버릴 지경이었다.

자폐인이 데이트를 하면 이런 일이 벌어지기 마련이다.

의사소통 고난은 연애에만 국한되지 않는다. 항상 내가 원인 제공자였던 것도 아니다. 의사소통 오류에 관한 내 친구 에피소드를 하나 얘기해볼까 한다. 지나치게 요구사항이 까다로워서 모두가 농담이라고 생각했지만 정작 자기 자신은 너무나 진지했기 때문에 벌어진 일이었다. 그때 상황은 이랬다.

때는 2000년대 중반. 학교에서는 칼날이 있어 위험하다는 이유로 베이블레이드라는 장난감 팽이를 금지했고, 그러자 '유희왕'이 학생들이 점심값을 걸고 놀 수 있는 최신 유행 게임이 됐다. 쉽게 설명하자면 유희왕은 모범생을 위한 포켓몬 같은 거였다. 동네에 〈유희왕〉 영화가 개봉했을 때는 매일 저녁 매진을 기록했다. 물론 엄밀히 따지자면 우리 동네 극장은 상영관이 두 개뿐이었고, 그때 상영했던 나머지 한 영화는 〈시간 여행자의 아내〉였지만. 뭐, 그렇다는 얘기다.

울어대는 아기들과 "저 사람이 누구랬지?"라며 속삭이는 커플들 사이에서 영화를 보고 싶은 마음은 없었기 때문에, 나와 친구들은 극장에서 보는 대신 차라리 돈을 모아 DVD를 사서 보기로 했다. 영화가 DVD로 발매되자마자 내 친구 루이스가 '방금 들어온 따끈따끈한' 블록버스터 비디오 섹션에서 〈유희왕〉을 사 오는 영예를 누릴 수 있었다.

루이스는 참 재미있는 친구였다. 자기주장을 관철하는 데 아주 탁월했다. 어쩌면 너무 지나칠 정도로. 자신이 원하는 바가 있으면 꼼꼼하게 요구해 반드시 얻어냈다. 루이스의 이러한 성향은 전쟁터의 위대한 지도자였던 패튼 장군의 철저함과도 비견될 정도였다. 하지만 아마 패튼 장군도 초등학생이었을 때는 바로 그 성향 때문에 몹시 난처했을 것이다.

일이 벌어진 바로 그날, 우리는 루이스의 거실에 모였다. 영화는 틀 준비를 다 마쳤고, 팝콘도 전자레인지에서 막 꺼냈다. 우리 모두는 한껏 들떠 있었다! 루이스는 한 손에는 팝콘 그릇을, 다른 한 손에는 리모컨을 들고 돌아왔다. 또 다른 친구 잭슨이 소리쳤다. "영화 틀자!"

루이스가 말했다. "먼저 지켜야 할 규칙들이 있어."

루이스는 지나칠 정도로 구체적인 규칙을 들이밀었다. 그 규칙에 따르면 우리는 한 번에 오직 단 한 개의 팝콘만을 집어야 했다. 만일 팝콘을 두 개 이상 집으면 그 즉시 영화를 멈추고 처음부터 다시 틀겠다고 했다.

다들 루이스가 농담을 한다고 생각했다. 우리가 바보였던 거지. 영화가 시작되고 1분도 채 지나지 않았을 때, 잭슨이 팝콘 그릇에 손을 넣고 한 움큼을 꺼냈다. 약속한 대로 루이스는 영화를 멈추고 처음부터 다시 틀었다.

루이스가 이 농담 같은 규칙을 철저하게 지킬 거라고는 그 누구도 예상하지 못했다. 하지만 원래 재미있는 농담이라는 게 그런 거 아닌가. 아무도 예상하지 못한 순간 빵 터지는 것. 모두가 웃었다. 루이스만 빼고.

다음 상황. 우리가 바로 조금 전에 봤던 그 장면에 도달했을 때, 잭슨이 또다시 팝콘을 한 주먹 꺼내 쥐었다. 이번에도 역시 루이스는 영화를 멈추고 처음으로 되돌렸다.

우리는 모두 폭발해서 소리를 질렀다. "왜 팝콘을 찔끔찔끔 나눠주는 건데?" "우리 셋밖에 없잖아!"

하지만 굳이 잘잘못을 따지자면, 이건 우리 잘못이었다. 루이스는 처음부터 팝콘에 대한 자신의 입장을 솔직히 밝혔다. 애초에 우리가 반대했더라면 반론을 들어줬을 수도 있다. 하지만 우리는 루이스의 말을 진지하게 여기지 않았다. 루이스가 자신이 원하는 바를 얘기했을 때 그 말에 귀를 기울였어야 했다.

시간이 흘러 2012년이 됐다. 몇 년 동안 서먹했던 루이스와 나는 다시 말을 주고받는 사이가 됐다. 하루는 용기를 내어 물었다. "너 아직도 그 〈유희왕〉 DVD 가지고 있니?"

루이스는 쭈뼛거리며 고개를 끄덕였다. "영화 별로야. 너도 끝까지 보기 힘들걸."

내가 말했다. "한 번에 팝콘을 한 개 이상 먹게 해주면 끝까지

볼게."

루이스는 웃지 않았다. 그 이후로 우리는 다시 서먹해졌다.

아직까지도 〈유희왕〉은 오프닝 장면 이후로는 보지 못했다.

의사소통은 양방향 통행이다. 상대가 자폐이건 아니건 그건 상관없다. 의사소통에 뭔가 문제가 생겼다면 그건 순전히 말한 사람 잘못만도 아니고, 들은 사람 잘못만도 아니다. 우리가 해야 할 일은 자신의 경험만으로 상대를 단정 짓지 말고, 서로를 이해하는 것이다. 우리 엄마 말마따나, "그냥 입 다물고 귀 기울이면" 되는 거다.

불멸의 마이클

고등학교 3학년이 됐을 무렵, 나는 고등학생으로서 내 경력의 마지막을 화려하게 장식하는 게 좋겠다고 생각했다. 그 시절의 나는 벌써 내 공연을 위한 쇼케이스를 몇 년째 기획하고 있었다.

고등학생이 된 이후로 나는 자폐와 관련된 일련의 행사에서 스탠드업 코미디 공연을 선보여왔다(나는 오직 자폐에 관한 코미디만 했다. 지금까지 이 책에 나온 내용들이 바로 내가 하는 코미디였다). 엄밀히 따지자면 나도 분명 프로페셔널 코미디언이었지만 일반 클럽에서는 공연을 잡을 수 없었다. 그래서 사실은 내가 코미디언으로서는 불완전한 게 아닌가 하는 불안감이 있었다. 만약 나보다 조금 더 생각이 깊은 10대 코미디언이 있었다면 클럽에서 공연을 잡지 못하는 이유가 자신이 아직 미성년자이기 때문일 거라고 추측했겠지만, 나는 덥석 자학적인 결론을 내렸다. 그건 분명 내가 자폐만을 소재로 지루한 농담을 늘어놓기 때문일 거라고.

내 머릿속은 온갖 잡다한 상념으로 인해 혼란스러웠다. '나는 코미디언일까, 아니면 그저 농담을 잘하는 자폐 홍보대사일까? 설사 내가 자폐 홍보대사라 치자. 그러면서도 여전히 실력 좋은 코미디언일 수 있을까? 아니, 애초에 홍보대사 역할은 잘하고 있는 걸까? 그나저나 사람들은 왜 내 코미디에 웃는 걸까? 내가 불쌍해서? 아니면 공감성 수치를 느껴서?'

지인의 소개로 내게 가르침을 줄 일류 코미디언과의 만남이 성사됐다. 그와 만난 점심 자리에서 나는 이때다 싶어 내 걱정을 모두 쏟아냈다. 자폐를 기반으로 한 내 개그는 그저 사람들의 눈을 잡아끌기 위한 수단에 불과하지 않은가 하는 걱정들을. 그는 내게 아주 현명한 조언을 해줬다.

"그런 수단이 있다는 게 어디예요. 무슨 수를 써서라도 절대로 그 수단을 놓치지 말아요!"

그 조언을 받아들여야 할지 말아야 할지 헷갈렸다. 그 사람 말도 분명 일리는 있지만 여전히 나 자신을 증명하고 싶었으니까. 자폐라는 특성에 기대지 않고도, 오롯이 나 혼자만의 힘으로 개그에 성공할 수 있다는 걸 나 자신에게 증명해 보이고 싶었다.

바로 그 순간 나는 결심했다. 내 인생에서 가장 야심 찬 프로젝트인 캐나다 전국투어를 하기로.

아니, 정정한다. 내 첫 캐나다 전국투어에 대한 다큐멘터리를 제작하기로!

나는 정말이지 역겨울 정도로 허영심에 가득 차 있었다. 다큐멘터리 팀이 쫓아다니며 찍을 정도로 자기가 흥미 가득한 존재라고 생각하는 바보가 세상에 어디 있단 말인가? 그것도 고작 열여덟밖에 안 됐는데. 아마도 스물둘밖에 안 된 주제에 자서전을 써도 괜찮겠다고 생각한 바보와 같은 사람일 거다.

부모님과 몇몇 자폐 관련 자선단체의 도움을 받아 나는 캐나다 전역에 걸쳐서 스탠드업 공연을 잡을 수 있었다. 아빠의 연줄을 통해 공연을 잡았고, 엄마는 숙소 예약이며 이동 수단과 같은 일을 맡아서 처리해주셨다. 덕분에 나는 온전히 공연 준비에만 매진할 수 있었다 우리는 토론토에서 비행기를 타고 투어의 시작인 뉴펀들랜드의 세인트존스로 갈 거고, 다음 공연을 위해 핼리팩스로 향할 거다. 그다음에는 캠핑카를 빌려서 밴쿠버까지 몰고 갈 생각이다. 모든 걸 고려해봤을 때 한 달이 넘는 투어가 될 예정이었다.

그러는 동안 나는 카메라에 익숙해져야 했다. 가을이 빠르게

다가오고 있었고, 나는 이 다큐멘터리가 좋아 보이기를, 적어도 남에게 내보일 정도는 되기를 바랐다. 영화 캠프에서 조명과 구도에 대해서는 약간이나마 배웠지만 다큐멘터리 영화 제작에 대해서는 하나도 몰랐다.

다행히도 지역에 있는 로저스 커뮤니티 텔레비전센터에서 고등학교 인턴십 프로그램의 일환으로 나를 도와주기로 했다. 나는 한껏 오만한 자세로 인턴십에 임했다. 아파서 학교를 쉴 때마다 텔레비전에서 오전에 해주는 가십성 토크쇼들을 많이 봐왔던지라 이런 프로그램을 만드는 데 필요한 지식은 모두 갖췄다고 생각했다.

프로듀서들은 단 몇 초 만에 카메라를 설치하는 포레스트 검프 같은 내 능력에 감탄했다가, 그걸 해체하지 못하는 나의 완벽한 무능함에 짜증을 냈다. 내 존재는 물이 반만큼 남은 물잔과도 같았다. 내가 긍정적인 인간이라는 얘기가 아니라, 가득 찬 물잔에 비해 아주 실망스러운 존재였다는 뜻이다. 자존심이 한풀 꺾였다. 나는 아직도 배울 게 많은 사람이었다.

상사들은 자애로웠다. 엄격하지만 공평했다. 스튜디오에서 생방송을 연출하는 법, 현장에서 리포팅하는 법, 경쟁자보다 먼저 특종을 따내는 법까지 모두 다 알려줬다. 카메라를 손에 든 채 흥미로운 기삿거리를 찾아 마을을 헤집고 다니는 내 모습은 마치 미치광이처럼 보였을 거다. 나는 흡사 영화 속의 특종을 찾아 헤매는 하이에나 같았다. 다만 엄마가 운전해주는 차를 타고 다니는 하이에나.

인턴십 학기가 끝났을 때 나는 여섯 개의 에피소드로 이루어진 텔레비전 프로그램을 두 편 제작할 수 있었다. 첫 번째 것은 우리 사회에 큰 공헌을 한 노인들을 다룬 다큐멘터리 시리즈였는데, 스스로도 꽤 뿌듯했다. 출연자 중 한 명은 제2차 세계대전 당시 버킹엄궁의 근위병으로 근무했고, 또 한 명은 그 지역 장애인 하키팀의 코치였다. 그분은 지금 생각해도 가슴이 먹먹할 정도로 감동적인 추천장을 내게 써주기도 하셨다.

두 번째는 창의적인 예술가 타입의 지역사회 인물들에 대한 예능 프로그램이었다. 중간중간 괜찮은 부분이 없었던 건 아니지만 나는 모든 에피소드의 끝을 '유치원생도 알아듣게 쉽게 설명해드림'이라는 졸속 코너로 마무리했다. 나와 이름이 같은 마이클이라는 여섯 살 소녀가 말 목장이나 파충류 전시관 등에 다녀온 화면을 보면서 자신이 견학한 내용을 내게 설명하는 코너였다. 분명 기획했을 때는 사랑스럽고 재미있는 장면이 나올 것 같았다. 하지만 현실은… 배우이자 코미디언이었던 W. C. 필즈는 이런 말을 했다. "아이들이나 동물과는 절대로 같이 작업하지 말라." 나는 원래 스릴을 즐기는 타입이라 둘 모두와 함께 작업했다.

모두 내 잘못이다. 엄마가 이 아이디어를 냈을 때 내가 미처 생각하지 못했던 사실이 있다. 밖에서 말을 타며 노는 건 신나는 일이겠지만, 비좁고 눅눅한 스튜디오에서 말 타는 얘기를 하는 건 여섯 살 아이에게 결코 재미난 일이 아니라는 사실을. 그렇게 해서 만들어진 결과물은 사람들을 웃음 짓게 만들었다. 매우 여러 가지 의미로.

처음이자 마지막으로 스튜디오 녹화를 진행했던 날, 소녀 마이클은 환하게 미소 지으며 도착했다. 내가 만나본 중에 가장 카리스마 넘치는 이 꼬마는 자신이 견학 다녀온 것에 대해 뭐든지 다 말할 준비가 되어 있었다. 그러나 프로듀서가 '방송중' 사인을 켜는 순간, 소녀의 눈동자가 빛을 잃었다.

인터뷰가 시작됐다. "네, 우리는 다시 스튜디오로 돌아왔는데요. 저와 제 파트너 '여섯 살 마이클'입니다. 여섯 살 마이클, 안녕하세요?"

여섯 살 마이클의 침묵.

"아뇨⋯."

이어지는 침묵.

"자, 그럼 시작해볼까요." 프로듀서는 여섯 살 마이클이 견학 다녀온 화면을 틀었는데, 엘리베이터에서 흘러나올 것 같은 음악이 배경으로 깔려 있었다. 그러고도 침묵이 이어지자 프로듀서가 내 헤드셋에 대고 고함을 질렀다. "뭐라고 말 좀 해!"

그래서 무작정 말을 뱉었다. "말 목장에 놀러 갔군요. 거기에서 말을 탔나요?" 소녀가 고개를 끄덕였다. "말을 탔나 보네요. 재미있었어요?" 어깨를 으쓱인다. "조금 무서웠구나?" 또다시 어깨를 으쓱인다. "화면에서는 웃고 있네요."

나는 30분 동안 혼자 북 치고 장구 치며 자문자답을 이어갔다. 30분간의 인터뷰는 여섯 편의 에피소드 끝에 5분짜리 코너로 편집돼 실렸다. 짧아 보이지만 TV에서 5분은 영원처럼 긴 시간이다. 갑자기 예전의 레고 의사가 어떤 기분이었을지 십분 공감됐다.

이 시도는 완전히 실패였다. 하지만 그 실패가 내 가슴속에 불을 질렀다. '유치원생도 알아듣게 쉽게 설명해드림'이 내 대표작이 되게 놔두지는 않을 거다. 이제 나는 다큐멘터리를 촬영한 경험이 있었고, 그건 다음 목표를 달성하는 데 매우 결정적인 역할을 할 터였다. 전국투어와 투어의 다큐멘터리를 촬영한다는 목표 말이다.

한편 내게는 또 다른 장애물이 있었으니. 바로 고등학교 졸업이었다. 마지막 학기에 약간의 우여곡절이 있었다. 내가 졸업생 대표 후보로 선정된 것이다. 불과 4년 전에 동급생을 청소도구함에 가두기까지 했던 내가 졸업생 대표 후보라니 이상한 일이긴 했다. 하지만 졸업생 대표는 선생님이 아니라 학생들의 투표로 뽑는다는 걸 알고는 기분이 좋아졌다. 더 기분이 좋았던 건 나와 드라마 수업을 같이 들었던 친한 친구가 — 〈유희왕〉 영화 사건을 같이 겪었던 그 친구 — 단독으로 나를 후보로 추천해줬다는 사실이다. 그 친구에게는 평생토록 갚지 못할 큰 빚을 졌다. 그 친구는 지금 내 룸메이트다. 농담이 아니라 진짜로.

친구의 부탁을 들어주는 것과 친구가 자신의 꿈을 (비록 수많은 꿈 중 하나일지라도) 실현하도록 도와주는 건 전혀 다른 문제다. 그래서, 그 꿈이 뭐였느냐고? 졸업생 대표가 되는 게 꿈이었던 건 아니다. 내 꿈은 훨씬 더 원대했다. 그러니까 그게 뭐였냐면, 실은 우리 고등학교에서는 졸업생 대표가 졸업 연설을 할 때 그 뒤에 졸업생 대표의 사진을 벽면이 꽉 찰 정도로 아주 커다랗게 걸어줬다. 만일 졸업생 대표로 뽑히면 나는 무려 오른쪽 사진 앞에서 연설할 수 있었다.

결국 졸업생 대표로는 뽑히지 못했다. 슬픈 일이긴 했지만 지구는 변함없이 돌아갔고, 세상은 내가 꾸미는 장난스러운 계획 같은 건 신경도 쓰지 않았다. 대신에 나는 사다리 안전과 관련된 일로 상패를 받았다. 앞으로 내 룸메이트가 사다리 사고에 휘말

릴 일은 결코 없을 것이다. 이제 상패까지 받은 사람으로서 내게
는 이 친구의 목숨을 책임져야 할 법적인 의무가 있으니까.

고등학교에 대한 추억만큼 극과 극을 달리는 것도 없는 것 같다. 자신의 전성기를 끊임없이 되새기는 사람들도 있고, 언제까지고 잃어버린 기회를 아쉬워만 하는 사람들도 있다. 그때 데이트 신청을 했어야 했나? 그놈이 괴롭힐 때 맞설걸 그랬나? 하면서. 나는 조금 더 중도적인 입장이다. 고등학교 생활이 지겨웠느냐고? 조금은. 못된 애들도 있었느냐고? 당연히. 하지만 선생님 학생 할 것 없이 착한 사람들도 많았다. 내가 하고 싶은 말은 이거다. 코미디언이 되기로 결심한 순간 —그 말인즉 중학교 3학년이 되기도 전에—학교에서는 마음이 떠났지만, 학창 시절에 후회는 없다. 내게는 별 도움이 안 되었던 그 4년을 나는 좋은 기억으로 간직할 거다. 간직할 게 별로 없겠지만.

하지만 거드름 피우는 건 여기까지. 졸업 후에 내게는 훨씬 더 중요한 일이 기다리고 있었다.

9월이 시작됐다. 투어에 필요한 모든 준비가 끝났다. 캠핑카, 차량용 대시캠, 캠코더 두 개, 모두가 한 달은 먹을 수 있는 냉동 피자까지. 엄마와 아빠, 학교를 같이 다닌 절친(역시 자폐다)도 여행에 함께할 거고, 지금은 서부에 사는 형도 우리가 앨버타에 도착하면 합류하기로 했다. 아빠는 캠핑카의 유일한 운전사였다. 단조롭게 운전만 하는 게 아빠를 침착하고 평온하게 만든다나. 그건 다행이었다. 눈보라가 몰아치는 밤에 눈발을 헤치며 로키산맥을 뚫고 나갔을 때 바로 그 침착함과 평온함이 꼭 필요했으니까. 나는 그 끔찍한 소란 속에서도 쿨쿨 잤고 다음 날 아침 밴쿠버에 도착해서야 일어났다. 전날 밤 우리가 죽을 고비를 열다섯 번은 넘겼다는 사실조차 모른 채.

안타깝게도, 힘든 일이 생길 때마다 매번 아무것도 모르는 채 쿨쿨 자고 있진 않았다. 사실 유달리 고된 공연이 하나 있었다. 유머 감각이 뛰어나기로 정평 난 캐나다 마리팀 지역에서 있었던 공연인데, 나보다 훨씬 웃긴 사람들 앞에서 공연할 생각을 하니 엄청 떨렸다. 첫 번째로 공연한 사람은 그 고장 개그를 활용해 성공적으로 웃겼고 관객들도 좋아했다. 하지만 나는 그곳 출신이 아니었으니. 무대에 올라 첫 번째 개그를 끝냈을 때는 객석이 온통 고요했다.

두 번째 개그도 선보였다. 역시나 아무 일도 없었다. 나는 무대 위에 서서 아무것도 보이지 않는 컴컴한 객석을 바라봤다.

이런 공연을 앞으로 30분이나 더 이끌어가야 했다.

사람들이 야유를 보내는 건 괜찮다. 야유를 받으면 시간을 오래 끌지 않고 무대를 일찍 끝내더라도 프로듀서가 뭐라 하지는 않을 테니까. 적어도 공연을 어떤 식으로든 만회할 수는 있을 거다. 하지만 관객이 쥐 죽은 듯 조용하고 아무런 반응이 없으면 어떻게 할 것인가?

그래도 나는 계속 공연을 이어갔다. 준비했던 개그를 하나씩 펼쳐 보이고, 그때마다 아무런 반응도 이끌어내지 못한 채로. 영원과도 같은 시간이 흐른 후, 내 마지막 개그가 끝났다.

"네, 여러분. 공연 봐주셔서 고맙습니다!" 다소 지친 목소리로 인사했다.

그 순간, 아무런 예고도 없이, 관객들이 모두 일어서서 기립박수를 보내줬다. 내 개그 인생에서 가장 긴 기립박수였다.

그때는 이 공연이 드디어 끝났다는 게 기뻐서 박수를 보내는 줄 알았다. "다행이야. 이젠 집에 갈 수 있겠어!" 그런데 공연 후에 사람들이 같이 사진을 찍자며 내게 다가오기 시작했다.

"야, 나랑 이 자폐 청년이랑 같이 사진 한 장 찍어줘."

"공연 정말 좋았어요! 영감을 많이 받았어요."

비록 웃지는 않았지만 이 사람들은 내 공연을 보고 정말로 감동을 받았던 거다. 내가 바라던 반응은 아니었지만 그래도 그 이후로 한 가지 배운 게 있었다. 누가 당신을 칭찬해주면 그저 입 닥치고 감사히 받아들이면 된다는 것. 하지만 그때는 칭찬을 받고도 돌아가는 캠핑카에서 다음 날 하루 종일 부루퉁해 있었다.

"영감을 받았다"는 말이 계속 뇌리에 남았다. 영감을 받았다는 건 '그로 인해 창작 욕구가 생겨났다'는 말이지만, 모순되게도 정작 공연계에서는 이 말이 부정적인 의미였다. 코미디언의 재미있는 개그를 듣고 '영감을 받았다'고 말하는 사람은 없다. 인생에 대한 스타 강사의 강연을 들었다면 몰라도. 나는 고작 열여덟밖에 안 됐기 때문에 누군가에게 영감을 주는 사람이 되고 싶지 않았다. 난 재미있는 사람이 되고 싶었다. 누군가에게 '영감을 주는' 것과 '동기 부여가 되는' 것은 완전히 다른 얘기 아닌가. 잠깐, 사전을 찾아보니까 완전히 다른 뜻은 아닌 듯하지만. 음, 얘기가 자꾸 다른 길로 새고 있다.

서쪽으로 투어가 더 진행되면서 내 공연을 보고 웃는 관객들이 생겼다. 하지만 내 머릿속에서는 계속 '영감을 받았다'는 말이 끊임없이 맴돌았다. 그래도 그즈음에는 별로 신경 쓰이지 않았다. 사실 그런 말을 들었다는 걸 조금 더 감사히 여겨야 하지 않나 싶기도 했다. 내 공연의 상당 부분은 자폐 관련 기관의 주최로 이루어졌고, 따라서 관객들도 대부분 자폐인들과 그들의 가족, 자폐 어린이들이었다. 사람들이 내게 와서 "공연 정말 재미있었어요"라고 말하는 것도 충분히 좋은 일이지만 사람들이 내게 "당신 덕분에 우리 애도 잘할 수 있을 거라는 희망이 생겼어요"라고 말하는 건 완전히 다른 차원의 일이었다.

밴쿠버에서의 마지막 공연은 가장 적은 인원 앞에서 열렸다. 한 무리의 일가친척에다 형이 브리티시컬럼비아에서 새로 사귄 친구들로 이루어진 관객이었는데 마음이 이보다 더 편안할 수가 없었다. 공연이 다 끝나고 난 후 이번 투어에서 촬영한 분량을 좀 살펴봤다. 솔직히 말하자면, 아무것도 없었다. 이야기도 없고, 이렇다 할 갈등도 없고. 그저 끊임없이 운전하는 장면만 있었다(그것도 대부분이 서스캐처원 지방을 지나는 것뿐).

이번 투어를 다큐멘터리의 주요 주제로 다루는 건 부적절하다고 판단했다. 이 투어는 그저 다큐멘터리의 시작에 불과할 뿐이다. 훨씬 더 위대한, 10년에 걸쳐 펼쳐질 대서사시를 향한 첫걸음일 뿐이라고. 투어가 끝난 뒤부터 나는 내가 하는 모든 것을 전부 영상으로 찍기 시작했다. 말 그대로 모든 것을. 예를 들면 지금 여러분이 읽고 있는 이 글? 이것도 타이핑하는 모습을 찍고 있다. 이 얼마나 소름 끼치는 일석이조인가!

과연 내가 이 다큐멘터리를 끝마칠 수 있을까…

그래도 이 책만은 꼭 끝낼 거다!

책은 끝낸 게 분명하다. 그게 아니라면 여러분이 지금 읽고 있

을 리가 없으니까. 어쨌든, 덮지 말고 계속 읽어주시길.

다른 미래에
자존감
높이기

언젠가는 독립해서 혼자 살아야 하지 않을까 하는 상상만으로도 나는 항상 쩔쩔매며 어쩔 줄 몰랐다. 형은 고등학교를 졸업하자마자 밴쿠버로 떠나서 독립했지만, 동생은 평생 혼자 살 일은 결코 없을 거라며 단념한 상태였다.

나는 이러지도 저러지도 못하고 있었다. 부모님과 함께 사는 게 아주 만족스럽지는 않았지만, 독립해서 혼자 살아가는 법을 몰랐기에 두려웠다. 나도 걱정됐고 부모님도 염려하셨지만, 나는 이 두려움을 정면으로 돌파해보기로 결심했다. 코미디로 성공하기 위해 혼자 토론토로 이사 가서 살기로 한 것이다.

성인이 되어가는 자폐인이라면 미래에 자신이 얼마만큼 독립적으로 살 수 있는지 파악하고 있어야 한다. 자폐인의 가족은 자폐라는 진단을 받는 순간부터 머릿속에서 그 질문을 할 것이다. 물론 자폐인이면서도 직업도 가지고, 신경전형인처럼 생계를 꾸리면서 혼자서 잘 살아가는 사람들도 많다. 독립한다는 걸 종종 목표로 삼지만, 자폐인 중에는 내 동생처럼 혼자 사는 게 불가능한 사람도 있다. 개별적인 활동은 독립적으로 하면서도 가족이나 기관 등의 도움을 받으며 절반 정도만 독립하는 사람도 있다. 어떤 방식이 자신에게 맞는지를 찾아야 한다. 자신이 할 수 있는 일은 하되, 필요하면 주저하지 말고 도움을 요청해야 한다.

나는 혼자 살 곳을 마련하고, 첫 직장을 구하고, 코미디언으로서의 경력을 쌓아나갔다. 자립 가능하고 독립적인 자폐 청년이라는 목표를 향해 조금씩 나아가고 있었던 것이다.

좋은 경찰,
나쁜 경찰, 교통경찰

캐나다를 가로지르는 전국투어가 끝난 지 두 달이 지났을 때, 토론토에서 격주로 열리는 즉흥 코미디 강좌를 듣기 시작했다. 토론토, 공장 굴뚝이 연기를 뿜어대는 대도시. 〈데그라시〉라는 드라마의 배경이 된 곳이자 유명한 할인점 '어니스트 에즈'의 고향, 그리고 '자전거에서 하차해주세요'라는 표지판에 콧방귀도 안 뀌는 자전거족이 있는 곳.

문화적 충격이 컸지만 그래도 견뎌내야 했다. 학교는 졸업했지만 아직 어른이라고 하기엔 조금 어설픈 상태였던 나는 이 대도시에서 전업으로 살아가는 것을 궁극적 목표로 삼았다. 만일 지금 이걸 제대로 해내지 못한다면 나는 부모님께 충분한 믿음을 드리지 못할 테고, 부모님은 절대로 내가 혼자 살도록 허락해주지 않으실 거다. 나는 정말 운이 좋은 편이다. 부모님은 항상 내 뒤를 든든히 받쳐주셨고, 학교에서 친구들 간에 벌어진 일부터 연극 창작이나 전국투어에 이르기까지 내가 하는 일을 전부 지지해주셨으니까. 그 모든 일이 가능했던 건 부모님이 도와주셨기 때문이다. 그 말은, 온전히 나 혼자 해낸 일은 아무것도 없다는 뜻이었다. 나는 혼자서도 충분히 잘 살 수 있다는 걸 증명할 필요가 있었다. 부모님께도, 나 자신에게도.

그 당시 나는 아직 부모님과 함께 오렌지빌에서 살고 있었는데, 그 유명한 세컨드시티 코미디 극장에서 열리는 즉흥 코미디 강좌를 듣기 위해서는 매일 버스를 갈아타고 토론토로 가야 했다. 한 달이 조금 넘는 동안은 나름 잘 해냈다. 별다른 문제없이 33일이 흘렀다.

그리고 34일째 되던 날, 나는 법원 출두 명령을 받았다.

사건의 발단은 이랬다. 버스를 탈 때마다 돈을 내는 게 귀찮았던 나는 매달 토론토교통국에서 발행하는 승차권인 메트로패스를 샀다. 그것만 있으면 어떤 버스나 지하철이든 탑승할 수 있었다.

하지만 내가 이 승차권을 잘 쓰고 있는 건지, 혹시라도 놓치는 건 없는지 확실히 하고 싶었다. 원래 자폐인들은 계약서 뒷면에 깨알 같은 크기로 적힌 세부 사항을 잘 읽는다. 과거에 나는 모든 것을 액면 그대로 받아들였다가 낭패를 봤었다. 그래서 이제는 모든 것을 극히 꼼꼼하게 살피고 의미가 명확해질 때까지 따지고 들었다. 전에도 말했지만 이런 명확함과 꼼꼼함은 자폐인의 장점이다. 다만 이번만큼은 그 장점 때문에 곤란하게 돼버렸다.

토론토교통국 홈페이지를 살펴봤더니 매달 갱신해야 하는 이 정기 승차권은 전달 25일부터 다음 달 4일까지 구매할 수 있다고 적혀 있었다. 물론 여기에서 '4일까지 구매할 수 있다'고 한 건 다음 달, 즉 새로운 달의 승차권을 뜻했다. 하지만 그 어디에도 정기 승차권이 매달 말일에 만료된다는 명확한 정보가 없었다. 내 머리는 이걸 이렇게 이해했다. 다음 달 4일까지는 유예 기간이므로 전달 승차권을 가지고도 버스를 탈 수 있다고. 그리하여 나는 4일에 새 달의 승차권을 사러 토론토에 들어가는 우를 범했다.

그날 나는 버스에 올라타서 지난달 승차권을 운전기사에게 보여줬다. 이때라도 운전기사 아저씨가 나를 말리며 내 오해를 풀어줬다면 좋았을 것을. 나는 기꺼이 요금을 지불했을 거고, 계산은 깔끔하게 끝났을 거다. 하지만 아저씨는 나를 그냥 버스에 태워줬다. 우리는 토론토역에 도착했고, 내가 버스에서 내렸을 때 버스역 경찰 두 명이 승차권 검사를 하기 위해 기다리고 있었다. 내 차례가 됐을 때, 만기가 나흘이나 지난 승차권을 가진 걸 보더니 나를 한쪽으로 데려갔다.

버스역 경찰들은 참 안됐다. 그건 아마도 세상에서 가장 지루

하고 기가 빨리는 직업일 것이다. 무임승차하려는 고등학생들에게 소리 지르느라 하루의 대부분을 보내고, 남은 시간에는 눅눅하고 지린내 나는 지하실에서 서류 작업에 파묻혀야 하니까. 그러니 진짜 어른한테(이제 막 어른이 된 거지만 어쨌든 나도 어른이긴 하니까) 철퇴를 가할 기회가 생긴 걸 기뻐하는 게 눈에 빤히 보였다. 경찰들은 내게서 돈을 뜯어가려고 했다(그 말은, 내게 벌금 200달러를 부과하려 했다는 뜻이다).

"1일에 걸렸으면 좀 봐줄 수도 있었지." 첫 번째 경찰이 마피아 갱단 흉내를 내며 살벌하게 말했다.

"그러게." 동료도 인정했다.

"2일이면 어, 조금 그래. 봐줄 수도 있고 안 봐줄 수도 있고." 첫 번째 경찰이 계속 말했다. "하지만 4일에 걸렸다? 이건 절대 못 봐주지."

나는 정신 줄을 놓기 일보 직전이었다.

"죄송해요." 나는 벌벌 떨면서 말했다. "뭐, 뭔가 오해가 있었던 거 같은데요."

"그러시겠지." 경찰이 말했다.

나는 사실대로 실토했다. "저 자폐예요."

그 말을 듣자 경찰들은 기운이 빠진 듯했다. 얼굴에 "어쩌지?" 하는 표정이 드러났다. 가능한 한 빨리 나를 그곳에서 치워서 혹시라도 불필요하게 신문에 오르내리는 불상사를 막고 싶은 기색이 역력했다. 경찰들은 원격 재판을 할 수 있는 전화번호가 적힌 종이를 내게 건넸다. 전화로 범칙금을 협상할 수 있다면서. 원격 재판에 대해 알려주는 의도는 이거였다. "이 일에 대해 소문내지 말아줄래?"

그곳을 빠져나오면서 생각했다. '최악의 상황은 빨리 마무리됐군.' 별 탈 없이 그 상황에서 벗어날 수는 있었지만 그래도 한 가지는 배웠다. 신경전형인이 아닌 사람은 일반적인 시스템 안에서도 헤맬 수 있다는 것을. 나는 아주 간단한 정보를 찾고 싶었지만 결국 원하는 답은 얻지 못한 데다가 사태가 악화될 때까지 이렇다 할 도움도 받지 못했다.

나는 여전히 오렌지빌에서 살고 있었기 때문에 법원에 전화를 걸어서 벌금을 협상할 수 있는 선택권이 있었다. 하지만 그때쯤에는 그냥 빨리 벌금을 다 물고 사건을 종결짓고 싶었다. 이 이상 더 쪽팔리고 싶지는 않았으니까. 무엇보다 부모님께 이 사건에 대해 말씀드리고 싶지 않았다. 아들이 이런 일도 제대로 못 해내는 반쪽짜리 어른이라는 것을 알리고 싶지 않았다.

내가 부모님에 대해 오해하고 있었던 것도 상황을 악화시켰다. 지난 한 달 동안 부모님은 내가 도시에서 어떻게 지내고 있는지 지대한 관심을 보이셨다. 부모님은 그저 내가 잘하고 있는지 확인하고 도와주려는 거였지만, 나는 부모님이 나를 시험하고 있다고 생각했다. 여기서 제대로 된 어른의 모습을 보여주지 못한다면 부모님은 아직 내가 독립할 준비가 안 됐다고 생각하실 거라고. 사실 부모님은 전혀 그렇게 생각하지 않았다. 차라리 내가 툭 터놓고 모든 걸 말한 뒤에 조언을 구했다면 내 마음고생도 덜했을 텐데. 진짜 어른이라면 아무리 힘든 상황도 묵묵히 견뎌내야 하고, 그 어떤 경우에도 도움을 청하면 안 되는 줄 알았다.

어쨌든, 그날 저녁식사 시간에 모든 진실이 다 드러났다. 엄마는 급소를 찌르듯 날카롭게 물어보셨다. "이번 달 승차권은 샀니?" 셀로판지보다 더 맑고 투명한 나는 모든 사건의 전말을 엄마에게 털어놨다. 엄마가 예의 그 실망하는 표정으로 날 본다 해도 상관없었다. 그저 이 모든 일을 빨리 훌훌 털고 잊고 싶었다.

하지만 엄마는 날 꾸짖지 않고 내가 하는 말을 끝까지 들어주셨다. 엄마는 당신이 직접 전화로 원격 재판에 참여해서 내 사건을 변론해, 제대로 된 도움도 받지 못한 이 부당한 처사에 대해 그 사람들 귀에서 피가 날 때까지 따지겠다고 하셨다. 우리 엄마는 싸움에서 물러나지 않는 전사였다.

처음에는 이번에도 어김없이 부모님이 내 대신 싸워준다는 사실이 너무나 부끄러웠다. 그다음에는 주차위반 벌금이나 다름없는 사소한 일조차 제대로 이겨내지 못하고 동요한 내 무능함이 부끄러웠다. 엄마에게 전화번호를 건넨 후 거실에서 초조한 마음으로 왔다 갔다 했다.

엄마는 검사에게 내가 겪은 일을 조목조목 설명했다.

"벌금 부과받은 게 언제죠?" 검사가 물었다.

"4일이요." 엄마가 말했다.

"아, 그럼 당연히 벌금 내야죠."

엄마는 바로 내 변호에 돌입했다. 하지만 검사는 꿈쩍도 하지 않았다.

"알았어요, 젠장. 벌금 내면 되잖아요." 마침내 엄마가 한숨을 내쉬었다.

그때 수화기 속에서 또 다른 목소리가 들려왔다. 여자 목소리였다. 엄마는 몰랐지만 그 여자는 지금까지 모든 통화 내용을 듣고 있었던 거다. "사건을 종결짓기 전에 하실 말씀 있으신가요?"

그 여자가 판사라는 걸 몰랐던 엄마는 "당연히 있죠"라고 말한 다음에 화가 나서 다다다 쏘아붙였다. 만료 일자에 대해 홈페이지에 명확한 정보가 없었던 것부터 버스역 경찰들이 내게 보였던 태도까지 모든 불만을 쏟아냈다.

판사도 동의했다. "와, 듣고 보니 아주 단단히 오해를 했던 모양이군요. 아드님도 이번 일로 배운 게 있을 거 같고. 이런 일이 또 반복되지만 않는다면 문제 될 게 없을 거 같네요."

"하지만 4일째였는데요!" 검사가 외쳤지만 소용없었다.

판사는 이미 판결을 내린 후였다. "이상으로 재판을 마치겠습니다!" 수화기에서 탕 하는 소리가 들렸다. 전화를 진짜로 세게 끊었나 보다. 어쩌면 판사가 전화기 옆에 법봉을 놔두고 있다가 두드린 것일 수도 있고. 뭐가 진짜인지는 모르겠지만.

벌금을 안 낸 것보다 더 잘된 일은 따로 있었다. 내 재판 이후 토론토교통국 홈페이지의 설명글이 바뀌었다. 지금은 "정기 승차권은 새달 1일에 만료됩니다"라고 적혀 있다.

설명 문구를 보는 많은 사람들은 이렇게 생각할 거다. '참나, 당연한 거 아냐?'

하지만 만일 당신이 너무나도 뻔한 내용을 굳이 적어놓은 표시나 경고 문구 혹은 경고 표지판을 보게 된다면 이 사실을 명심하길 바란다. 그 표시가 거기에 있는 이유는 세상 어딘가의 누군가가 바로 그 뻔한 일을 했기 때문이라는 것을. 유리 세정제 윈덱스 곁면에 왜 '마시지 마시오'라고 적어놨는지 아는가? 그걸 마시려고 한 사람이 있었기 때문이다.

토론토교통국 홈페이지에 메트로패스 만료일을 굳이 기재한 이유는 바로 만료일을 착각한 사람이 있었기 때문이다. 네, 여러분. 그게 바로 저랍니다.

내가 열아홉 살이 되던 생일날, 나는 어깨에 힘을 잔뜩 준 채 메트로패스를 손에 들고 버스정류장으로 으쓱거리며 걸어갔다. 그곳에는 나 말고 세 명이 더 있었다. 맨 앞에 두 명은 나이 든 커플로, 이 버스 시스템에 대해 잘 모르는 것 같았다. 세 번째 남자는 가슴께에 '안내'라는 글자가 적힌 조끼를 입었고, 토론토교통국 시스템의 복잡하고 헷갈리는 세부 사항들을 차근차근 설명해주었다.

눈이 마주쳤을 때, 나는 그 남자가 맨 처음에 나를 붙잡았던 버스역 경찰 두 사람 중 하나라는 걸 깨달았다. 이건 통쾌한 결말 같은 게 아니었다. 아니, 오히려 약간 슬펐다. 시스템이 잘못 돌아가서 발생한 일인데 왜 엉뚱한 사람이 벌을 받고 있는 것일까.

신경전형인들이 하는 말을 항상 문자 그대로 받아들여서는 안 된다는 건 우리 자폐인도 대부분 잘 안다. 이런 경향은 문자를 주고받을 때 더욱 두드러진다. 만일 여러분이 나처럼 일상생활에서 타인의 문자를 해석하는 데 어려움이 있다면 다음의 해석 자료가 도움이 될 것이다.

문자 내용	진짜 속뜻
"이런 말 한다고 기분 나쁘게 생각하지 않았으면 좋겠어. 그런데….'"	"지금부터 내가 하는 말이 좀 기분 나쁘게 들릴 수 있어. 경고했으니까 됐지? 자, 그럼 본격적으로 입 좀 털어볼까!"
"지금 가는 중이야. 금방 도착해."	"네 친구 지금 잔다. 난 걔 엄마야."
"미안. 감기에 걸렸지 뭐야."	"다른 애들이랑 놀고 있어."
"좀 늦을 거 같아. 예고편 끝나기 전까지는 도착할 거야."	"누구를 좀 만났는데 얘랑 같이 갈게. 영화 시작하고 한 시간쯤 지나면 도착할 거야."
"너도 마음이 아프겠지만, 이 말을 하는 나도 진짜 힘들어."	"엄청나게 마음 아픈 얘기가 될 거야."

어쨌건, 나는 이 모든 일을 감사히 여기기로 했다. 독립적인 사람이 되는 건 멋진 일이다. 하지만 젊은 사람들은 '다 아는' 것과 '다 아니까 남의 조언 따위는 필요 없는' 것을 착각하곤 한다. 도움을 청하는 건 부끄러운 일이 아니다. 심지어 만화에서처럼 바나나를 밟고 미끄러져 엉덩방아를 찧어서 누군가에게 손을 내민다고 해도 말이다.

즉흥 코미디 강좌

내가 맨 처음 즉흥 코미디 강좌에 참여했던 날, 참 많은 생각이 들었다.

"재치 있는 말을 하자. 재미있게 보여야지. 사람들이 날 좋아하게 만드는 거야!" 이제 와 돌이켜보니 비단 이 강좌만이 아니라 나는 어떤 사람들을 만나든 어떤 모임에 가든 항상 이런 생각을 해왔다. 그래도 그날만큼은 이런 생각을 무시했어야 했다.

잘 모르는 사람을 위해 설명하자면, 즉흥 코미디는 기본적으로 대본이 없는 연극과 비슷하다. 대개 관객이 뭔가 단어를 던져주면 그걸 가지고 장면을 바로 만들어낸다. 즉흥 코미디에서는 함께하는 파트너의 말에 귀를 기울이고 그들의 액션에 알맞은 리액션을 취하며 상황에 따라 적절히 맞춰주는 게 중요하다. 그렇게만 하면 정말 마법 같은 일이 벌어진다.

하지만 첫 코너를 하기 위해 무대에 올랐을 때 나는 저것을 하나도 지키지 못했다. 나는 파트너를 무시했고 내 두뇌는 마치 자율주행 모드를 켠 듯했다. 그 말은 곧 기계처럼 "기내식이 왜 맛없는지 아세요?" 수준의 개그를 남발했다는 의미다.

정말로 창피했고 바로 집으로 가고 싶었다. 선생님은 나보고 "자연스럽게 행동하라"고 말했지만, 난 타고나기를 자연스럽게 행동하는 게 불가능한 사람이었다. 살아오면서 그때까지 내가 나눴던 모든 대화는 전부 미리 만들어둔 대본이었다. 엄마 아빠가 짜준 대본으로 내가 어설프게 연기했던 거였다.

하지만 다행히, 실패하면 어쩌나 하는 두려움보다 사람들이 날 싫어하면 어쩌나 하는 두려움이 훨씬 컸다. 나는 포기하지 않고 그 이후로 세 개의 코너에 더 올라갔다. 할 때마다 그전보다는 덜 엉망이 됐다. 배우는 것도 많았지만, 그보다도 내가 지난 10년 동안 놓치고 있던 대화의 묘리妙理를 깨달았다는 점이 더 좋았다. 대화는 다른 사람과 맺는 관계와 비슷했다. 서로를 신뢰해야 하고 양쪽이 모두 관여해야 한다는 점에서.

사람을 어떻게 대해야 하는지 학습 전략 수업에서 배운 것보다 이 즉흥 코미디에서 배운 것이 훨씬 많다. 즉흥 코미디 덕분에 나만의 작은 세계에서 벗어나 더 유연하게 대처하고 실패를 두려워하지 않게 됐다. 실패가 두렵지 않게 된 건 다행이었다.

그렇게 많이 배우고 연습했는데도 아직도 즉흥 코미디를 잘 못하니까.

내가 즉흥 코미디의 달인이라고 할 수는 없지만, 즉흥 코미디 덕분에 내 삶을 관통하는 철학을 가지게 됐다. 그 철학은 바로 이거다. "눈 깜빡하면 흘러가는 인생, 억지로 꾸역꾸역 살기엔 너무 아깝잖아. 뭐든지 흔쾌히 덤벼들어서 재미있게 놀아보자!"

대화는 다른 사람과 맺는 관계와 비슷했다. 서로를 신뢰해야 하고 양쪽이 모두 관여해야 한다는 점에서.

이 철학을 실천하는 일환으로 마침내 나는 아예 토론토로 이사했다. 이제 더 이상 새벽 버스를 타기 위해 매일 아침 6시에 집을 나설 필요가 없었다. 공책, 냅킨, 영수증, 피자 쿠폰, 그 외에도 개그 아이디어를 끄적거릴 수 있을 만한 건 모두 다 상자에 담아 켄싱턴마켓(토론토에 있는 지역 이름)으로 이사했다.

켄싱턴마켓은 마치 자유분방한 동화 속 나라 같았다. 골목골목마다 중동 요리 팔라펠을 팔았고, 일산화탄소 경보기는 눈을 씻고 찾아봐도 없었다. 같은 집에 살게 된 하우스메이트는 쾌활하면서도 괴짜 같은 구석이 있는 여자였는데, 낮에는 부동산 중개업을 했고 밤에는 아이폰 타도를 표방하는 꽤 거친 벽화를 그렸다.

오전 시간에는 주로 그녀의 고양이 사디(아니, 이름이 클라우드였던가)와 함께 빈둥거리며 보냈다. 저녁에는 세컨드시티 극장에서 실력을 갈고닦았다. 그 시기에 나는 즉흥 코미디 프로그램에서 레벨 2까지 끝마친 후였다. 사실 거기까지는 초급 단계이고, 그보다 더 높은 레벨은 즉흥 코미디에 목숨을 건 사람들을 위한 수준이라는 걸 미처 몰랐다.

비록 즉흥 코미디 형식을 체득하는 데는 어려움이 많았지만, 나는 토론토의 즉흥 코미디 공연자들에게 푹 빠져버렸다. 자존심만 내세우는 사람도 없었고, 서로를 잘 챙겨줬다. 쇼는 항상 아이들이 보는 만화처럼 모두가 "우리가 해냈어, 얘들아!"를 외치며 끝나곤 했다.

즉흥 코미디에서 뿜어져 나오는 에너지는 내 심장을 마구 뛰게 했지만, 처음의 흥분이 조금 가시고 나자 내 흥미도 차차 식었다. 프로들의 즉흥 코미디를 보는 건 여전히 즐거웠어도 내가 직접 하는 건 그만큼 즐겁지 않았다. 즉흥 코미디의 불확실성도 싫었고, 이렇게 하는 게 더 낫지 않았을까 하고 후회하는 것도 지쳤다. 언제나 그랬듯 머리 한구석에서는 계속 "인생에 흔쾌히 덤벼들어야지"라는 마음의 소리가 들려왔다. 더군다나 이번에는 다른 목소리까지 끼어 있었다. "네가 이것마저 안 하면 안 되지."

어떤 면에서 보자면 그때의 내 마음 상태는 뭐가 됐건 해보자는 것에 가까웠다. 한동안 도시에서는 공연을 잡을 수가 없었기 때문에 그 당시 나는 스탠드업 공연을 일절 못 하고 있었다. 자존감이 낮은 나에게, 공연을 안 하는 나는 아무런 가치도 없는 사람처럼 느껴졌다. 무릇 이 사회의 일원으로 살아가는 사람이라면 뭔가 하나라도 기여하는 바가 있어야 한다. 공연도 못 하는 코미디언에게 도대체 무슨 가치가 있겠는가? 그래서 내게 들어오는 제안은 모두 다 수락했다. 나는 세컨드시티 극장에서 만난 친구들과 함께 극단을 만들어서 한 달에 두 번씩 즉흥 코미디 공연을 올리기 시작했다.

그 공연을 하면서 값으로는 매길 수 없을 만큼 귀중한 경험을 했다. 극단 친구들은 내게 자신을 홍보하는 법, 관객의 호응을 유도하는 법, 초대 손님과 협동해서 공연하는 법 등을 가르쳐줬다. 이때 배운 것은 내 다음 이력에도 많은 도움이 되었다. 그다음 이력은 '공연'이라기보다 '임기응변으로 때우기'에 더 가까웠지만 말이다.

여름이 다가오도록 나는 스탠드업 공연을 전혀 잡지 못했다.

극단 친구들은 내게 세컨드시티 극장에서 굉장히 유명한 예술 프로그램에 오디션을 보는 게 어떻겠느냐고 권했다. 그 프로그램에서는 열 명 남짓한 인원이 모여 주 무대에 올릴 공연을 1년 동안 준비한다고 했다. 나는 오디션을 위한 워크숍에는 참석했지만, 정작 오디션 자체는 살짝 맛만 보고 나왔다. 어차피 여름에 아르바이트가 있어서 수업에 참여하는 게 불가능하기도 했고, 내 실력이 오디션을 통과할 정도는 아니라고 생각했다.

여름 아르바이트를 할 때 낭패를 본 일이 있었다. 앞에서 입에 침이 마르도록 떠들어댔던 그 영화 캠프의 일자리였다(나는 그때나 지금이나 그 영화 캠프를 무척 좋아한다). 캠프의 지도강사에 지원하고 나는 공손하면서도 자신감 있는 모습으로 면접에 임했다. 그런데 곧 내 상관이 될 사람이 "강사 말고 다른 일 해볼 생각 있어요?"라고 묻는 순간, 상황은 새로운 국면을 맞았다. 나는 앞서 설명했던 내 모토 덕분에 "그럼요, 안 될 거 없죠"라고 답해버렸다.

내가 할 일은 크게 두 종류였다. 우선 이 캠프의 촬영 담당자로서 이곳에서 벌어지는 모든 대형 이벤트를 카메라에 담아야 했다. 두 번째로는 캠프 참가자들이 사탕을 얼마나 사 먹었는지, 각종 공예 재료와 캠프 물품들은 얼마나 남았는지 오전마다 세어보고 확인해야 했다. 그러니까 간단히 요약하자면, 나한테 연산을 시킨 거였다.

좀 가볍게 표현하자면 난 수학에 젬병이다. 자폐인이 수학에 천재적 재능을 보인다는 선입관을 깨부수는 아주 좋은 예가 바로 나다. 수학을 얼마나 못하느냐고? 하도 수학을 못해서 학습지 선생님이 "우리 이제 그만 만나는 게 좋겠다"라고 말할 정도였다.

내가 이런 우려를 표하자 면접관은 "계산기 줄게"라며 내 걱정을 누그러뜨리려 했다. 고작 계산기 하나로 내 엉망인 연산 실력을 보완하겠다고? 그러다 캠프를 다 망칠 수도 있는데. 하지만 면접관은 어떻게든 나를 고용하고 싶어서 하루 말미를 줄 테니 잘 생각해보라고 했다.

나는 부모님께 이 아르바이트에 대해 말씀드렸다. 내 연산 실력에 대한 명백한 우려에도 불구하고 부모님은 나보고 이 일을 꼭 해보라고 말하셨다. 심지어 설득력도 있었다. "14 나누기 2는?"

"7?"

"거기에서 하는 일은 이거보다 쉬울 거야."

그래서 아르바이트를 하기로 했다.

옛 추억을 진하게 느끼며 캠프에 도착했다. 처음 출근하는 사람이 갖기엔 흔치 않은 감정이었다. 광활하게 펼쳐진 초원이며 진작에 없애버렸어야 할 타이어로 쌓은 벽도 그대로였고 공용 라운지에서 기타를 치거나 멋들어지게 악수하고 있는 벙거지 모자 차림의 지도강사들도 한 트럭이나 있었다. 그중 몇몇은 내가 캠프에 참여했을 때도 강사였다. 나는 눅눅한 공기를 한껏 들이마셨다. 고향 냄새였다.

밤이 되어 잘 준비를 마쳤다. 나는 강사는 아니었지만 남자 기숙사에서 동료들과 함께 지내게 됐다. 캠프는 꽤 넓은 곳이었지만 강사들은 모두 아주 작은 쪽방에서 잠을 잤다. 나와 룸메이트 닐은 뒤쪽에 있는 코딱지만 한 구석방에 머물렀다.

바로 작년까지만 해도 나는 캠프 참가자였기에 닐이 내게 11시 취침 시간을 지키라고 명령하는 입장이었지만, 닐은 그 사실을 금세 털어버리고 나를 동료로 받아줬다. 이제 우리는 밤 11시가 훌쩍 넘도록 닐의 노트북으로 함께 미드를 보는 사이가 됐다. 솔직히 닐의 그런 태도가 고마웠다. 같은 캠프 직원이라고는 해도, 나는 엄밀히 말해서 지도강사도 아니었고 캠프 참가자도 아니어서 어쩔 수 없이 혼자 동떨어진 느낌을 받았다. 그곳 직원들 대부분은 나를 너무나 신경이 예민하고 불안정해서 처음 캠프에 참가했을 때 고작 게임 따위에 넋이 나갈 정도로 모든 것을 다 쏟아부었던(진짜 그랬다), 몹시 시끄러운 참가자로 기억하고 있었다. 이들에게 내가 캠프에서 일할 만큼 믿음직스럽다는 걸 증명해 보여야 하면서도, 나는 지도강사가 아닌 말단 알바라서 누군가 생일 케이크를 돌려도 가장 마지막에 먹어야 하는 입장이라는 걸 받아들여야 했다.

캠프 시작 사흘 전이 되어서야 여름캠프 동안 매일 어떤 일을 수행해야 하는지 설명을 들었다. 공예실을 청소하고 매점을 운영하며 비는 물건이 없도록 물품 상자를 확인해야 했다. 이건 어른으로서 처음으로 맡게 된 진짜 업무였고, 난 그걸 잘 해내고 싶었다. 영국의 소설가 닐 게이먼이 이런 말을 한 적 있다. "사람은 시간을 잘 지켜야 해요. 남들과 함께 일하기 좋은 타입이이야 하고, 자기 일을 프로답게 잘 해내야 하죠. 만일 이 셋 중에 두 가지만이라도 해낼 수 있다면 당신은 괜찮을 겁니다." 공예실은 단장님 말마따나 이렇게 깨끗했던 적이 있나 싶을 정도로 청소가 잘됐고, 매점에 불을 낸 적도 없으니… 셋 중에 하나 반은 해낸 거려나?

캠프 참가자들이 도착하기 하루 전. 매점을 청소하고 있을 때 내가 처리해야 할 수많은 업무 중 하나를 전달받았다. "이 아이스크림들은 전부 냉장고에 넣어놔. 내일 참가자들 오면 시원하게 먹을 수 있게." 이 말을 듣고 내 두뇌는 이렇게 해석했다. "아이스크림은 **전부 시원한** 곳에 보관한다."

아이스크림 상자 열 개 중 여덟 개를 냉장고 안에 채워 넣자 빈 공간이 별로 없었다. 나머지 두 개는 잘 안 들어가는 걸 겨우겨우 쑤셔넣었다. 나는 냉동실이 빈틈없이 꽉 채워지면 냉기가 제대로 돌지 않아서, 보관한 음식물이 녹을 수도 있다는 사실을 몰랐다.

그날 저녁 닐은 곧 시작될 여름캠프를 자축하며 매점에서 음료를 가져다 마시자고 했다. 나는 음료를 가져올 테니, 그동안 노트북으로 같이 볼 미드를 준비해놓으라고 닐에게 말했다. 매점에 들어섰을 때 냉장고에서 뭔가 불길한 액체가 뚝뚝 떨어지는 걸 발견했다. 어떤 끔찍한 일이 벌어졌을지 미처 짐작되기도 전에 꽁꽁 달라붙은 문을 억지로 떼어서 열었다. 냉동실 안쪽은 한때 아이스크림이었으나 지금은 형체를 잃어버린 오렌지색 곤죽과 뜯어진 포장지 파편으로 온통 도배되어 있었다.

이쯤 되면 자기 실수를 인정하는 게 합리적인 행동이었을 거다. 하지만 과대망상에 절여진 내 뇌는 제대로 된 생각을 하지 못했다. 이 바보는 곧 알바 자리를 잃게 될 거고 상사와 동료들도 날 멸시할 것이며, 지난번 토론토교통국과 그 난리를 친 것을 해결해줬으니 이젠 저도 배운 게 있겠거니 하고 희망에 가득 찼던 부모님마저 내게 실망할 거라고 생각했다. 내 유능함이 허울뿐인

허세였다는 사실이 고작 이깟 실수로 드러나는 일은 없을 것이다. 사람들이 저 끈적거리는 냉장고 따위로 날 기억하게 만들지 않을 거란 말이다!

발자국 소리가 나서 황급히 냉장고 문을 닫았다. 매점 창문 너머에는 밤 11시가 다 되어가는 이 시각에 내가 왜 거기에 있는지 궁금한 얼굴로 선배 직원이 날 바라보고 있었다. 캠프 시작을 자축하기 위해서 지도강사들에게 마실 음료를 가져다주러 왔다고 설명하자 그녀는 내 말을 그대로 믿고 자리를 떴다. 그 뒤 나는 혼자서 스릴러 서스펜스 영화 한 편을 찍었다.

먼저 캠프장을 가로질러 공예실로 달려갔는데 그곳은 벌써 잠겨 있었다. 선배 직원이 캠프를 돌면서 문을 다 잠그고 있었던 모양이다. 당장 핸드타월이 필요했다. 이번에는 가까운 화장실로 냅다 뛰었는데 그곳엔 하필 핸드 드라이어밖에 없었디. 그곳을 나오는데 선배 직원과 관리인이 매점에서 5미터도 안 떨어진 곳에서 얘기하고 있었다. 속으로 비명을 질렀다.

일단 근처에 있는 풀숲에 몸을 숨긴 다음에 몰래 숨어서 남자 기숙사로 돌아왔다. 당황한 티를 하나도 안 내려고 엄청 노력하면서 내가 머무는 코딱지만 한 방으로 들어갔다. 닐에게는 매점이 벌써 문을 닫았다고 둘러댄 다음 난 대신 샤워나 하러 가야겠다고 말했다. 조금 실망한 듯했지만 닐은 어깨를 으쓱하고는 드

라마를 틀었다. 그러는 사이에 나는 수건을 들고 얼른 매점으로
향했다.

　선배 직원은 여전히 관리인과 대화 중이었다. 매점 안으로 들
어가려면 그 둘 옆을 지나쳐야 했다. 음료가 모자라서 더 가지러
왔다고 둘러대며 매점 안으로 들어갔다. 내가 매점 안에서 셔츠
속에 숨겨온 수건을 꺼내 들고 냉장고를 닦고 있다는 걸 문 밖에
있는 직원과 관리인은 꿈에도 몰랐을 것이다. 수건은 곧 오렌지
색 걸레가 되었다. 직원이 노크를 하더니 이제 여기도 문을 잠글
시간이 됐다고 말해줬다. 얼른 수건을 근처에 있던 쓰레기통에
버리고서 냉장고에서 음료 두 개를 꺼냈다.

　문을 열고 나오면서 들고 있는 캔을 가리키며 변명했다. “선배
들이 어떤 브랜드를 좋아하는지 까먹어서요.” 그녀는 키득거리며
웃고는 문을 잠갔다. 다시 방으로 돌아와 닐에게 음료를 건넸다.
매점 문 닫았다며 샤워하러 간다던 애가 음료를 들고 나타났는데
도 닐은 별로 이상하게 생각하지 않았고, 우리는 여름의 시작을
기념하며 음료를 마셨다.

　이 사건을 시작으로 이후로도 그곳에서 수많은 실수를 저질
렀다. 아쉽게도, 걸리지 않고 무사히 넘어간 실수는 그때가 유일
했다.

여름캠프는 총 네 개 기수로 구분되어 있었는데, 1기가 거의 끝나갈 때까지는 모든 게 잘 흘러가고 있었다. 캠프에서 진행된 저녁 프로그램과 테마가 있는 저녁식사에서 나는 능력 있는 공연자로서 내 가치를 증명해 보였다. 그리고 필요할 때면 강사 역할을 비슷하게 해내기도 했다. 심지어 내가 찍은 영상들도 꽤 괜찮았다. 돌아가는 상황이 너무도 좋았고 나도 즐거웠던 터라 그만 가장 뻔한 사실 하나를 간과하고 말았다. 내 연산 실력이 절망적이라는 것을. 게다가 한 번에 여러 가지를 다 처리해야 한다고 생각하니 마음이 바빠져서 내가 숫자를 제대로 적었나 다시 확인해보지도 않았다.

어느 날 아침, 밥을 먹으리 내려왔을 때 갑자기 선배 직원들이 진지한 얼굴로 얘기 좀 하자며 다가왔다. 알고 보니 내가 작성한 재고 목록과 금전출납부가 거의 재앙 수준이었던 모양이다. 제대로 적은 숫자가 하나도 없었다. 그래도 그들은 화를 내지 않았다. 실망한 것 같지도 않았다. 그저 어떻게 사람이 이렇게까지 수학을 못할 수 있는지 의아해할 뿐이었다.

이곳도 일종의 예술 캠프였기 때문에 잘못했다고 해서 무조건 처벌을 하지는 않았다. 대신에 내가 조금 더 잘 해낼 수 있도록 나 자폐인의 두뇌는 이상하면서도 놀라운 면이 있다. 어떤 사람들은 자폐인의 두뇌에 대해 "구동 시스템이 다른 것뿐이야"라고 말한다. 어떤 것들은 신경전형인보다 더 뛰어나게 잘하지만 나머지 것들은 그렇지 못하다. 자폐인의 두뇌는 회로상 오류로 인해 작은 문제가 생길 수 있기 때문에 회로를 재설정해야 한다. 솔직히 컴퓨터에 대해 잘 몰라서 이 비유를 어떻게 더 이끌어가야 할지 모르겠다. 이상한 일이긴 하다. 원래 자폐인은 컴퓨터를 잘 다루는 거 아니었나? 하지만… 기술 지원팀에 전화해서 물어봐야겠다.

와 함께 대책을 세워 실행하고 싶어 했다. 찾아보니 내가 더 잘할 수 있는 방법이 보였다. 깨알같이 작은 글씨와 가로로 적한 숫자들은 내가 한 번에 알아보기가 어려웠다. 그래서 이전에 쓰던 차트를 내가 알아보기 편하게 세로로 적게끔 바꾸었다. 단 며칠 만에 내 연산 실력이 확 늘었다.

그 후로도 나는 몇 주 동안 계속해서 실수를 저질렀다. 하지만 문제가 생길 때마다 선배들이 먼저 나서서 내가 헤쳐나갈 수 있도록 도와줬다. 그런 도움들 덕분에 나는 더 자신 있게 판단하고 행동할 수 있었다. 하지만 선배들의 배려와 참을성에도 한계가 있었다. 2기가 끝날 무렵, 이제 진짜 잘리겠구나 싶었던 실수를 저지르고 말았다.

매 기수가 시작되기 전에 새로 들어오는 캠프 참가자들은 셔츠나 모자 등 캠프에서 사용할 일체의 준비물을 주문한다. 이런 물건들을 '사전 구매품'이라고 적힌 상자에 따로 분리해놓는 것도 내 업무 중 하나였다. 이전 기수 참가자들에게 혹시나 실수로라도 판매하면 안 되기 때문이다. 하지만 두 번째 기수가 끝나던 마지막 날, 현금을 손에 쥔 부모님들이 캠프 상품을 사고 싶다며 매점에 모여들었다.

모두가 엄청나게 서두르고 있었기 때문에 너무 정신이 없어서 그만 실수로 '사전 구매품' 상자 안에 있는 물품 몇 개를 판매하고 말았다. 그 일에 대해 이실직고하자 내 직속 상관은 그날 하루 종일 내게 한 마디도 하지 않았다.

2기가 그렇게 끝났으니 3기의 시작이 좋을 리 없었다. 작은 실수에도 당황해서 쩔쩔맸고 점점 움츠러들었다. 이전에 나를 많이 도와줬던 사무실 직원 하나는 나를 성가시게 여기기 시작했다. 심지어 직원들은 영업시간이 끝난 뒤 매점에 들어와서 상품을 다시 진열하기도 했다. 자폐 특성을 가진 나는 다른 사람이 정리해 놓은 물건을 찾는 게 어려웠다. 내가 수학보다 더 못하는 게 있다면 그건 바로 물건을 찾는 일이었다.

처음에는 내가 이런 대우를 받아 마땅하다고 생각했다. 내가 일으킨 수많은 소동과 권위자에게 과도하게 의지하는 성향 때문에 하늘이 벌을 주는 것 같았다. 그렇게 남은 기간 내내 혼자 꽁하게 지낼 수도 있었다. 그때 내 모토가 떠올랐다. "눈 깜빡하면 흘러가는 인생, 억지로 꾸역꾸역 살기엔 너무 아깝잖아." 지금이라도 이 상황을 수습하기엔 늦지 않았다며 스스로를 다독였다. 나는 직원들에게 매점 상품을 재진열하지 말라고 항의했고, 그들은 미안하다며 여러 번 사과했다. 그들과는 사흘 뒤 장기자랑에서 함께 공연할 정도로 다시 사이가 원만해졌다.

한동안 손 놓았던 내 일도 다시 제대로 했다. 매점 청소도 깔끔하게 해치웠고, 사람들이 잃어버려서 캠프장에 굴러다니던 공예 준비물도 한군데로 모았다. 캠프 참가자와 강사를 대상으로 이 캠프가 좋았던 점이 무엇인지 물어보는 인터뷰도 준비했다. 나는 신나는 음악에 몸을 맡긴 채 살균소독제를 들고 캠프장 곳곳을 누볐다. 그렇게 긴 하루가 끝나고, 사람들이 격주로 행하는 지도강사 시상식에 함께 가자고 권유했지만, 흔쾌히 수락하는 대신 '거절'했다. 시간은 이미 밤 10시였고, 나는 적어도 아홉 시간은 자야 다음 날 제대로 기능할 수 있었기 때문이다.

4기가 막 시작할 즈음에는 다시 내 알바 생활에 주도권을 잡을 수 있었다. 아니, 그보다 더 좋았다. 나와 내가 사랑하는 주변 사람들에게 도움이 되는 상황이라면 뭐든지 흔쾌히 덤벼드는 게 맞지만, 상황이 여의치 않을 때는 언제든 멈춰 서서 거절해도 좋다는 아주 소중한 교훈을 깨달았으니까.

나는 그 캠프에서 두 번의 여름을 더 일하며 보냈다. 해마다 이전보다 더 발전했고 점점 더 실력이 늘었으며 스스로에 대한 자신감도 커졌다. 마지막 여름에 일을 끝냈을 때는 캠프장 인원 전체가 내 송별회를 해줬다. 나는 이제 영화에서 질질 짜는 작별 장면이 나오면 유치하다며 놀릴 수가 없다. 그 일이 바로 나한테 일어났으니까. 나는 함께 일한 직원 전원과 내 룸메이트 닐에게 잘 있으라는 인사를 했다. 지금도 기억나는 건 선배한테 인사를 했던 때다. 선배는 내 작별 인사를 듣고 있기 힘들다며 인사를 안 들으려 했다. 그곳에서 나라는 사람에 대해 조금 더 잘 알게 됐다. 하지만 아무리 슬프더라도 이제 캠프 알바를 하며 보내는 시기는 끝내야 했다.

나는 새롭게 발견한 낙관주의로 무장한 채 다시 토론토로 돌아왔다. 꽤 오랫동안 즉흥 코미디 공연을 못 하고 있었는데, 솔직히 말하자면 별로 하고 싶지도 않았다. 즉흥 코미디 동료들에게 제안을 하나 했다. "극단에 다시 들어가고 싶긴 한데, 혹시 내가 공연이 아니라 쇼 호스트를 해도 될까?" 이들은 두 팔을 활짝 벌려 기꺼이 허락해줬다.

전설의
템플 그랜딘

캐나다 전국투어를 끝내면서 나는 자폐 사회의 홍보 대사가 된 점이 자랑스러웠다. 자폐 코미디언으로 활발히 활동 중인 위대한 애덤 슈워츠나 멤버 전원이 아스퍼거 신드롬을 가진 '아스퍼거스 아 어스Asperger's Are Us' 극단 같은 일부 예외를 빼면 코미디 업계에서 자폐인을 대표하는 경우는 거의 없었다. 사람들이 나를 '자폐 코미디언'이라고 불러주는 것이 자랑스러웠다.

자폐 사회와 코미디계를 잇는 가교 역할을 하려면 무거운 책임감을 가져야 한다는 사실도 잘 알았다. 그런 막중한 책임 중 하나는 바로 자폐 사회에서 가장 존경받는 인물 앞에서 바보처럼 굴지 않는 것이었다. 이제 여러분께 자폐계의 엘비스 프레슬리라 할 수 있는, 훌륭하신 템플 그랜딘 박사와의 일화를 말씀드리고자 한다.

템플 그랜딘 박사의 업적에 대해 잘 모른다면 그녀의 일생을 바탕으로 만든 영화 〈템플 그랜딘〉을 보고 올 것을 권한다. 축산업계의 혁명적인 인물이자 자폐 사회에 지대한 영향을 끼친 그랜딘 박사는 자폐인의 고용 현황과 어떻게 하면 우리가 다음 세대의 자폐인들에게 더 좋은 기회를 줄 수 있을 것인가에 대해 수많은 연설을 해왔고 마땅히도 칭송받아왔다.

하지만 일곱 살의 나는 이런 것을 하나도 몰랐다. 그저 사람들로 북적이는 메트로 토론토 컨벤션센터 지하층에서 '만지작 세트'(감각 자극 장난감들로 채운 필통. 엄마의 아이디어였다)를 판매하는 엄마를 도와주던 코흘리개 꼬맹이였으니까. 나는 사람들에게 장난감을 시연해 보이고 있었다. 특히 내가 손가락에 하나씩 과자처럼 끼워 보였던 '핑거 트랩'은 수백 개나 팔렸다.

그때 느닷없이 자기 연설을 끝마친 그랜딘 박사가 흥미를 보이며 우리 부스로 다가왔다. 이런 기회를 놓칠 수 없다는 듯 엄마는 바로 '만지작 세트'를 그녀에게 무료로 제공했다. 나는 핑거 트랩에 끼어 있는 손가락을 빼느라 정신이 없어 못 봤는데, 그랜딘 박사는 샘플을 받고 기뻐하며 그 세트 안에서 자신이 좋아하는 장난감을 다 꺼내갔다고 한다.

그로부터 10년이 흘렀다. 나는 또다시 메트로 토론토 컨벤션 센터를 찾았다. 제네바 자폐센터가 이곳에서 콘퍼런스를 열었는데 그분들이 감사하게도 마지막 순서에 내가 공연을 해줄 수 있는지 요청해왔다. 그러더니 사실은 그냥 공연이 아니라 템플 그랜딘 박사가 연설하기 전에 내가 오프닝을 맡게 될 거라고 했다. 그 말을 듣자 문득 우리가 처음 만났던 그때가 떠올랐다. 별로 인정하고 싶지는 않았지만, 난 그만 주눅이 들고 말았다.

그래도 공연은 꽤나 괜찮게 진행됐다. 심지어 그랜딘 박사도 함께 박수를 쳐주었다. 엄마는 지금이야말로 내가 그녀와 친해질 기회라고 생각했다. 마지막 순서인 그랜딘 박사의 연설이 끝나자 수많은 팬들이 무대 위로 우르르 몰려들었다. 그것만으로도 충분히 정신이 없을 것 같았기에 나는 무대 뒤로 부모님을 만나러 갔다. 하지만 엄마는 디지털카메라를 손에 들고 말씀하셨다. "같이 사진이라도 찍어야지."

"템플!" 엄마가 크게 소리치자 사람들이 길을 터줬다. 나는 매우 공손하게 숫기 없는 기자처럼 사람들 사이를 걸어갔다. 내가 잠긴 목소리로 겨우 말했다. "템플, 함께할 수 있어서 즐거웠습니다. 사진 좀 같이 찍을 수 있을까요?" 그때 찍은 사진이 이거다.

엎친 데 덮친 격으로, 내가 막 자리를 뜨려는데 어떤 팬이 그녀에게 하는 말이 들렸다. "뭐라고 부르는 게 좋으세요? 템플? 아니면 미스 그랜딘?"

그녀가 대답했다. "박사님이요." 그게 당연했다. 그녀는 박사학위를 따기 위해 엄청나게 노력했고, 당연히 그에 합당한 존경을 받을 자격이 있었으니까. 하지만 나는 방금 그녀를 템플이라고 불렀다. 그것도 두 번이나. 면전에서.

이 만남에 지나치게 큰 의미를 부여하는 것일 수도 있지만, 내

겐 영웅과도 같은 사람이 어쩌면 나를 멍청이로 여길지도 모른다는 끔찍하고 절망적인 생각이 들었다. 차라리 박사님이 이 모든 걸 다 잊었으면 했다. 다행히도 그녀는 진짜로 다 잊고 있었다.

그로부터 3년 후, 나는 또 다른 자폐 콘퍼런스 행사를 위해 비행기를 타고 캐나다 북서부의 유콘 지역으로 향하고 있었다. 공연이 열리는 곳은 그곳의 주도인 화이트호스였다. 멋진 도시이고 사람들도 좋았지만 한 가지 단점이 있었다. 회색곰이 도처에 돌아다니고 있었던 것이다. 못 믿겠다고? 그 지역 라디오 방송국과 인터뷰하는 도중에 이런 안내 방송이 흘러나왔다. "죄송한 말씀이지만, 학교 운동장에 지금 곰들이 포진해 있는 관계로 고등학교 철인 3종 경기를 연기하게 됐습니다."

하지만 지금 그 얘기가 중요한 게 아니고. 내가 하려는 말은 이거였다. 그 공연에서 내가 누구의 오프닝을 맡게 됐겠는가. 바로 다름 아닌 템플 그랜딘 박사였다. 정확히 말하자면 두 번이나 연설 전 오프닝을 했다. 오찬 전 소규모 간담회에 앞서 오전에 한 번, 공연의 일환으로 밤에 한 번.

짐을 꾸릴 때 항상 뭔가를 빼먹는 습관이 있다. 이번에는 공연

때 입을 옷을 빼먹었다. 그래서 오전 오프닝을 할 때는 청바지와 낡아빠진 갈색 후드티를 입고 무대에 설 수밖에 없었다. 그 결과 3년 만에 만난 그랜딘 박사와 나와의 첫 대화는 이렇게 흘러갔다.

"당신 참 별난 사람이군요. 그건 좋아요. 나도 좀 별난 사람이긴 하니까요. 그래도 이건 좀…" 그랜딘 박사가 내 옷을 가리켰다. "받아들이기 힘드네요."

템플 그랜딘 박사로 말할 것 같으면 맞춤 제작한 화려한 카우보이 셔츠를 입는 독특한 패션 스타일로 유명했으니, 이런 낡아빠진 후드티셔츠를 질색할 게 뻔했다. 그나마 구겨진 체면을 세우기 위해 변명을 해봤다. "비행기가 제 짐을 잃어버려서요."

그녀가 잠시 생각하더니 말했다. "아. 비행기가 짐을 종종 잃어버리더라고요." 어쨌든 그 순간만큼은 창피를 면할 수 있었다.

하지만 우리에게는 공연이 한 번 더 남아 있었고, 천만다행으로 저녁에 입을 정장을 마련할 수 있었다. 정장을 입고 무대 위에 올라보니 객석은 온통 핫핑크에 술이 달리거나 반짝이가 붙은 셔츠를 입은 사람들로 가득했다. 객석을 향해 말했다. "템플 그랜딘이 저한테 패션에 대해 조언을 해줬거든요." 관객들은 무척 재미있어했다. 공연이 끝나고 그랜딘 박사가 내게 다가왔다.

"그거 나 때문에 산 거예요? 맘에 드는데요!"

대기실로 돌아온 우리는 나초 칩을 나눠 먹으며 우정을 돈독히 했다. 이미 꽤 늦은 시각이었지만 유콘에서는 해가 항상 떠 있었기 때문에 얼마나 늦었는지 알기가 힘들었다. 그녀는 내게 일하면서 불안을 다스리는 법이라든가 무대 장악력을 높이는 법 같은 소중한 조언을 해줬다. 하지만 대중문화 덕후로서 내 마음에 콕 박혔던 건 영화 〈다크 나이트〉 시리즈에 대한 그녀의 신랄한 비평이었다.

"배트맨은 진짜 이상해졌어요. 나쁜 놈들 벌주는 데 너무 골몰한 나머지 사람 구하는 법을 잊어버렸잖아요. 예전 주제가도 그립고요." 그러더니 그녀는 예전 〈배트맨〉 TV 시리즈의 주제가를 부르기 시작했다.

나는 그 순간을 잊지 못한다. 지구상에서 가장 위대한 사람 중 한 명이 1960년대 애들 방송의 주제가를 부르는 모습을 직관하고 있다는 인지 부조화 때문만은 아니었다. 자폐와 코미디 세계 사이를 가르는 선이 순간적으로 사라지는 것을 목도했기 때문이다. 홍보대사도 세상 걱정 없는 장난꾸러기가 될 수 있고, 코미디언도 깊은 사유를 하는 철학자가 될 수 있다. 당신이 어떤 사람인지를 단지 직업으로 단정 지을 수는 없다. 세 번째 만남에서야 겨우 터득한 멋진 깨달음이었다.

동생이
원했던 것

자폐를 가진 사람이 손을 파닥거리거나 단어나 소리를 반복해서 말하는 걸 보고 궁금했던 사람이 있을지도 모르겠다. 이건 자기 자극 행동이라는 것인데 자폐 사회에서는 스티밍stimming이라고 부른다.

스티밍은 긍정적이거나 부정적인 감정을 느낄 때 거기에 잘 대처할 수 있게 도와주는 적응 행동이다. 내 동생 매티는 신나고 흥분될 때면 손바닥을 파닥거리는 걸 좋아한다. 초조하고 불안할 때 나는 귀 옆에 손을 대고 손가락 관절을 뚝뚝 꺾는다. 감정적인 자극이 지나치게 많을 때 스티밍은 자극을 막아주는 방어막 역할을 한다. 반대로 자극이 적은 경우에는 필요하다면 더 많은 추가 자극을 제공하기도 한다.

신경전형인이 보기에 어떤 스티밍은 좀 불쾌할 수도 있다. 하

스티밍은 매우 다양한 형태로 나타난다. 불빛을 바라보기도 하고 눈을 계속 깜빡이거나 눈앞에서 손가락을 흔들기도 한다. 귀를 건드리는 사람도 있고 손가락을 튕기거나 이런저런 소리를 내는 사람도 있다. 물건을 빙글빙글 돌린다든가 손을 비비거나 긁기도 하고 물건의 냄새를 맡기도 한다. 때로는 몸을 흔들고 폴짝폴짝 뛰고 손뼉을 치거나 다리를 떨기도 한다. 스티밍을 한다는 건 그 사람에게 뭔가 문제가 생겼다는 의미일 수도 있지만, 스티밍 자체가 문제가 되지는 않는다. 실제로 자폐인에게 스티밍을 멈추라고 하면 스티밍보다 훨씬 더 큰 문제가 생길 수도 있다.

지만 장담하는데, 신경전형인이 자폐인을 무서워하는 것보다 우리가 신경전형인을 더 무서워할 거다. 전철에서 이런 안내 방송을 듣는 건 자폐인에게 그 무엇보다 무서운 일이다. "열차 내에서 이상하거나 수상한 행동을 보이는 사람이 있으면 바로 신고해주시길 바라며…."

우리가 어렸을 때 동생이 겪었던 가장 큰 어려움 중 하나는 바로 사람들이 많은 곳에 나가는 거였다. 왜냐하면 동생은 의사소통을 할 줄 몰랐고, 오로지 하이 테너의 울음소리만 냈기 때문이다. 전철에서 사람들 이목을 끄는 얘기가 나와서 말인데, 전철 안에 있는 모든 사람들의 고개가 이쪽으로 착 착 착 돌아가고, 묻지도 않았는데 모르는 사람이 다가와서 이런저런 조언을 해주는 것. 자폐 아동과 그 부모에게 이보다 더 끔찍한 일은 없을 거다. 자라면서 매슈도 수어를 배우기는 했지만 열여덟이 됐을 무렵에는 오직 두 단어만 수어로 말했다. 화장실과 쿠키. 이런 매슈에게도 스티밍이 여럿 있었는데, 그 스티밍 덕분에 내가 동생을 대하는 태도가 완전히 바뀌게 됐다.

토론토로 이사를 했다고 해서 고향에 완전히 발길을 끊은 건 아니었다. 2주에 한 번은 버스를 타고 오렌지빌로 돌아가서 부모님도 만나고 그 지역 재즈 밴드와 합동 공연도 했다. 물론 그러는 동안에는 부모님 집에서 머물렀는데, 그때마다 잠을 제대로 못 잘까 봐 잔뜩 겁을 먹었다. 동생 매슈는 고등학교 졸업 이후로 취침 스케줄이 엉망이 됐고, 그즈음 녀석이 밤에 하는 장난질은 수위가 점점 높아지고 있었다.

동생은 30분 간격으로 자기가 자겠다며 침대에서 자는 나를 내쫓았다. 그래서 소파에서 자려고 자리 잡으면 이번에는 거기에서도 날 끌어냈다. 대개는 자신이 보고 있는 영화 테이프를 다른 걸로 바꿔달라며 나를 깨워댔다. 동생은 '디즈니 싱어롱' 테이프를 즐겨 봤는데, 한 번에 5분 이상 보지를 못했다.

나는 동생의 부탁을 거절하기 시작했다. 내가 마음을 굳게 먹고 이 녀석에게 맞선다면 결국 동생이 이런 행동을 멈추리라 생각했던 거다. 동생은 멈추지 않았다. 동생의 행동은 그 정도가 더 심해졌고, 나도 무슨 핑계를 대서든 집에 안 가려고 점점 더 애를 썼다. 함께 보내는 게 너무나 당연하다고 생각해왔던 가족과의 시간에 한동안 등을 돌렸다.

그러는 동안 형 앤드루는 사회복지사가 되는 길을 밟고 있었다. 형은 매슈를 잘 챙겼고 여기저기 데리고 다니기도 했다. 두 사람 사이가 부러웠다. 동생과 내 사이는 기껏해야 내가 거절의 의미로 팔짱을 끼고 동생은 내게 소리 지르며 발을 쾅쾅 굴러대는 게 전부였으니까. 조금 떨어져 있는 게 우리 둘 모두에게 좋은 결정인 것 같았다.

2016년 봄, 아빠와 나는 미국 보스턴으로 향했다. 자폐 가족들을 위한 주말 그룹 치료에서 공연을 하게 된 것이다. 흥미가 동했다. 토요일 오전에 내 오프닝 공연으로 콘퍼런스의 문을 열었다. 보스턴에는 볼거리도 풍부하고 할일도 많았지만 나는 이 프로그램이 어떻게 진행되는지 남아서 지켜보고 싶었다. 그러나 30분 만에 바로 자리를 떴다. 자신의 내면을 관조하는 분위기가 나와는 너무나 맞지 않았던 탓이다. 나는 코미디언이다. 안에 있는 걸 밖으로 끄집어내 보여주는 사람이다. 반면에 그 프로그램은 명상을 따라 하는 것에 더 가까웠다.

그래도 일요일 프로그램에 다시 참석했다. 이번에는 마치 시청에서 열리는 공청회와 비슷한 모습이었다. 주로 신경전형인 부모와 자폐 아동으로 이루어진 가족들이 자신들의 걱정거리를 털어놓으며 질문을 이어갔다. 나도 궁금한 것이 있었는데, 마침 한 가족이 내가 하려던 것과 똑같은 질문을 했다. "우리 애들이 나한테 반응을 보일 때는 내가 뭔가 해주기를 바랄 때뿐이에요. 어떻게 하면 좋을까요?"

사회자가 답했다. "사람들은 저마다 각자의 방식으로 남들과 소통하고 싶어 하죠. 아이가 해달라고 하는 게 뭔가요? 그것을 부모님과 자녀가 함께 즐길 수 있는 일로 대체할 수만 있다면 아이와 조금 더 잘 소통할 수 있을지도 몰라요."

뇌가 폭발하는 줄 알았다. **영화 테이프를 바꿔달라며 나를 귀찮게 했던 그 시간들이 사실은 나와 소통하고 싶은 거였어? 바보같이 그것도 모르고 있었다니!**

이걸 속으로만 생각했더라면 좋았을 것을. 깨달음에 놀라 그만 말이 입 밖으로 튀어나오고 말았다. 앞서도 말했듯이 나는 안에 있는 걸 밖으로 끄집어내 보여주는 사람이다. 다행인 것은 마침 내가 있던 그곳의 관중들이 사람을 함부로 평가하지 않는 사람들이었다는 점이다. 내 말이 신호라도 된 것처럼 "나도! 나도! 나야말로!" 하는 물결이 시작됐다. 다른 부모들도 덩달아 일어나서 자기 아이들과 관련해 깨달은 것을 외쳐댔다(그곳 사람들은 날 좋아했다. 이런 콘퍼런스라면 여덟 번이라도 더 할 수 있었다).

집으로 돌아오는 비행기 안에서 나는 동생 매슈가 좋아하는 것들을 머릿속으로 생각해봤다. 매슈랑 무엇을 같이 하면 좋을지 찾기 위해서. '수영장으로 풍덩 뛰어드는 거? 아직 3월이야. 너무 추울 거야. 차 타고 드라이브하기? 안 돼. 난 면허도 없잖아. 나 같은 애는 면허를 따면 안 되지…. 트램펄린에서 방방 뛰기? 이건 해볼 만하겠는데.'

집에 도착해서 늘 하던 대로 동생에게 인사를 했다. 동생도 늘 하던 대로 날 그냥 지나쳐서 아빠에게로 갔다. 동생은 아빠를 거실로 데리고 가서 〈101마리 달마시안 싱어롱〉 테이프를 〈아리스토캣 싱어롱〉 테이프로 바꿔달라고 요구했다. 내가 동생의 이름을 부르며 밖에 있는 트램펄린으로 가자고 손짓했지만 동생은 꿈쩍도 안 했다. 이럴 때는 그냥 밖에 나가서 내가 먼저 하면 다 따라 하게 되어 있다. 내가 먼저 나가자 얼마 지나지 않아 동생도 나를 따라 밖으로 나왔다.

매슈가 뒷마당으로 나왔을 때 나는 마침 트램펄린 위에서 백 텀블링을 하다가 잘못 넘어져서 목에 담이 온 참이었다. 동생도 트램펄린으로 올라왔다. 우리는 그 후로 한 시간 동안 방방 뛰었다. 이제 와 생각해보면 목에 담이 걸린 채로 그렇게 뛰어댄 게 좋은 선택은 아니었던 것 같지만, 뭐 어떠랴. 그날 밤 잠들 때 목이 좀 아프긴 했지만, 적어도 동생이 날 침대에서 내쫓아서 자다 깨진 않았으니까.

니는 부모님 집에 점점 더 자주 찾아갔다. 어떻게든 조금이라도 더 동생과 시간을 보내려고 애썼다. 아빠와 동생과 힘께 차를 타기도 했다. 아빠는 라디오를 틀어둔 채 운전하는 걸 좋아했는데, 어떤 채널을 들을지는 온전히 동생 손에 달려 있었다. 아빠와 내가 자기는 빼놓고 너무 우리끼리만 얘기한다 싶을 때면 동생은 내 어깨를 톡톡 두드렸다. 라디오 채널을 바꿔달라고. 이제는 동생의 이런 행동이 훨씬 사랑스럽게 느껴졌다.

드디어,
무대 위에서

내가 훨씬 어렸을 때, 심지어 스탠드업 코미디를 시작하기도 전에 아빠는 나와 형을 매시 홀에 데려가 전설적인 코미디언 빌리 코널리의 쇼를 보여준 적이 있다.

공연은 끝내줬다. 중간중간 내가 저 무대에 선다면 어떤 느낌일까 상상해보기도 했다. 그런 기회가 생각보다 일찍 올 줄은 솔직히 몰랐다.

2016년 가을 무렵, 나는 자폐 사회에서 나름대로 이름을 얻기 시작했다. 캐나다의 국영방송인 CBC의 전직 프로듀서와 친해졌는데, 나중에는 토론토에서 해마다 열리는 자폐 콘퍼런스인 제네바 심포지엄에서 내가 공연을 할 수 있도록 그가 손을 써주었다.

행사 일정을 살피던 나는 생각지도 못했던 인연을 발견했다. 내가 공연하는 그 시간에, 바로 옆방에서는 S박사의 강연이 있었던 거다. 그 옛날에 나를 자폐로 진단해줬던 그 선생님말이다.

어쨌든 이 우연을 언급하는 게 좋을 것 같아서, 무대에 올랐을 때 관객에게 얘기했다. 그 선생님의 자폐 진단이 내게 얼마나 큰 도움이 됐는지, 따뜻한 마음씨와 지혜가 오늘날의 나를 만드는 데 얼마나 지대한 영향을 끼쳤는지 그들에게 말하고 싶었다.

내가 할 수 있는 말은 너무나도 많았지만, 머릿속에 맴도는 수많은 말 중에 고르고 골라 S박사가 강연하고 있을 옆방을 향해 이렇게 외쳤다. "선생님이 만든 피조물을 보세요!"

내 젊은 인생에 가장 카타르시스가 넘쳤던 순간이었다.

제네바 공연은 성공적이었고, 프로듀서는 계속 날 도와줬다. 다음 공연은 자폐 갈라쇼였는데, 거기에서는 공연 전날 리포터와 스태프들이 하루 종일 날 따라다니면서 내 작업 과정과 일과를 찍기로 했다. 참고로 내 일과는 다음과 같았다.

아침 8시에 기상. 8시 10분에 샤워를 하고 8시 15분에 아침을 먹는다. 8시 22분에는 이를 닦고, 수업이나 꼭 해야 할 일정이 없다면 8시 24분에는 조깅을 하러 나간다. 초등학교 5학년 때부터 고수해온 하루 일과였다. 하루도 똑같은 날은 없었지만, 혹시 일정이 어그러지더라도 정해진 대책이 있다는 걸 알면 마음이 더 편안해졌다. 가령 수업이 취소됐다? 걱정할 것 없다. 학교에서 그리 멀지 않은 곳에 영화를 볼 수 있는 극장이 있으니까. 만약에 코미디 클럽에서 공연하다가 잘린다면? 문제없다. 클럽에서 그리 멀지 않은 곳에 영화를 볼 수 있는 극장이 있으니까. 만일 친구가 극장에서 나를 바람 맞힌다면? 끄떡없다. 거기에서 그리 멀지 않은 곳에 영화를 볼 수 있는 극장이 있으니까.

나는 뭐든지 딱 정해진 것을 좋아한다. 식사로 먹는 것이 항상 일정하고(노른자를 살짝 덜 익힌 계란 프라이 두 개와 베이글 하나), 여가 시간에도 같은 것을 하며(멀티플렉스가 아닌 극장에서 아무거나 두 시간 미만의 영화 보기), 공연도 늘 같은 방식으로 시작한다(왔다 갔다 하면서 내가 준비한 개그 중 처음 세 개를 풀어놓기). 미리 정해진 일은 자폐인에게 굉장히 중요하다. 반면에 정해진 것에서 벗어나면 크나큰 스트레스를 받는다.

촬영 스태프들이 나를 따라다니는 건 정해진 일과에서 벗어나는 일이었지만 그래도 인터뷰와 공연은 성공적이었다. 아니, 그런 줄만 알았다.

마침내 인터뷰를 보았을 때, 인터뷰가 내 진짜 모습을 담지 못했다는 생각을 금할 수가 없었다. 인터뷰에서는 손을 털거나 발을 떠는 내 모습을 인서트로 몇 개 이어 붙였고, 그 장면 위로 내가 일상생활을 제대로 해낼 수 없으며 오직 코미디만이 살아갈 유일한 원동력이라는 걸 암시하는 슬픈 내레이션이 흘렀다. 혹여 그 말이 사실일 수도 있겠지만, 그래도 내가 인터뷰 하나 제대로 못할 사람은 아닌데.

화가 나서 프로듀서를 찾아갔다. 하지만 내가 입을 열기도 전에 그녀가 먼저 일 얘기를 꺼냈다. 토론토에서 떠오르는 신예와 최고의 중견 코미디언이 출연하는 CBC 방송국의 〈악센트 온 토론토〉 프로그램에 내 출연을 성사시켰다는 것이다. 나는 불만을 속으로 삼키기로 했다. 이 프로그램에 나가는 게 내 실추된 명예를 회복하는 데 더 큰 도움이 되리라 생각해서다. 나는 그저 '자폐이기만 한 코미디언'이 아니며, 나도 주류 코미디계에 강한 인상을 남길 수 있나는 걸 증명할 기회였다.

드디어 10월 중순. 공연 날이 되었다. 부모님과 함께 식사를 했지만 정작 나는 음식에는 손도 대지 못했다. 열네 살 이후 처음으로 공연에 앞서 진짜 두려움을 느꼈기 때문이다. 내 공연은 주로 자폐 사회 안에서 이루어졌고 그들은 내 공연을 좋아해줬다. 하지만 신경전형인이 대부분인 관객들이 내 공연을 어떻게 봐줄지는 알 수가 없었다. 설상가상으로 이 공연은 모두 녹화한다. 혹시라도 공연을 망치게 되면 그 흑역사가 영원히 남는 것이다. 게다가 내 앞 순서는 현존하는 최고의 코미디언인 아서 시미언과 에만 엘후세이니였다. 솔직히 무진장 떨렸다.

나는 현장에 일찍 도착했다. 마이크 체크도 순조롭게 진행됐다. 기술 스태프는 내게 핀 조명은 한 자리에 고정되어 있어 나를 따라 움직이지 않을 거라고 알려줬다. 그러니 조명 바로 아래에 서 있어야 관객이 날 볼 수 있을 거라고. 그 말을 듣자 안심이 됐다. 혹시 내가 공연을 망치면 한 걸음만 움직이면 되는 것 아닌가. 그러면 나는 어둠 속에 묻혀 완전히 사라질 테니까.

그 후 한 시간 반 동안 나는 무대 뒤에서 벽을 바라보며 멍하니 있었다. 공연이 시작됐다. 관객들의 웃음소리가 들려오자 조금 마음이 놓였다. 깐깐한 관객은 아닌 것 같아서. 하지만 지금 저들을 웃기고 있는 사람들은 세계적인 코미디언들 아니던가. 불안감이 스멀스멀 피어올랐다. 에만의 공연이 한창 무르익을 무렵, 전혀 기대하지 못했던 인물이 내게 인생에 남을 격려를 해줬다.

코미디언 데이브 헴스태드가 무대 뒤에서 다른 코미디언과 얘기를 나누러 왔던 것이다. 그가 나를 힐끔 바라봤다. '이 꼬맹이는 여기에 왜 있는 거야?' 하고 상황을 정리하고 싶었는지도 모른다. 내가 떠는 걸 보더니 그가 물었다.

“다음이 네 차례니?”

“네.”

“여기 처음이야?”

“네.”

“네가 제일 망쳤던 공연은 뭐였어?”

캐나다 전국투어 도중에 아무도 웃지 않았던 공연에 대해 말해줬다. 그가 미소 지었다.

“그 사람들한테 제대로 한번 보여주고 싶니?”

나는 미친 듯이 고개를 끄덕였다. 그가 내 손을 잡더니 축 처져 있는 나를 확 끌어당겼다.

“그럼 나가서 한번 찢어봐!”

바로 내 이름이 불렸다. 나는 무대에 올라 마이크를 잡았다. 공연은 아무런 문제 없이 잘 흘러갔고, 정신을 차려보니 12분이 눈 깜짝할 새에 지나갔다. 무대에서 내려올 때는 살짝 현기증까지 나는 기분이었다. 다른 코미디언들이 다가와 축하해줬다. 그날 밤 내내 왕까지는 아니더라도 참형을 면한 광대 같은 기분이었다.

다음 날이 되자 다시 두려움에 휩싸였다. 아빠에게서 전화가

왔다. 우주비행사 크리스 해드필드 대령의 아들인 에번 해드필드가 내 공연을 봤으며 매시 홀에서 열리는 자신의 공연 '제너레이터'의 무대에서 같은 공연을 해줬으면 한다는 것이다. '제너레이터'는 음악과 코미디, 그리고 다양한 아이디어가 넘치는 쇼케이스로, 유명하고 엄청나게 끝내주는 사람들이 나오곤 했다. 하지만 그전에 먼저 나와 만나고 싶다고 했다. 무려 해드필드 대령의 자택에서. 그것도 대령과 몇몇 다른 출연자들도 함께(그 자리에 오진 않겠지만 출연자 가운데는 〈호기심 해결사Mythbusters〉 프로그램의 진행자인 애덤 새비지와 소설가 닐 게이먼도 있었다).

해드필드 대령이 우주비행사이긴 했지만, 이 멋진 가족은 내 기대와는 달리 〈우주가족 젯슨〉에 나올 법한 집에 살지는 않았다. 크리스 해드필드는 인디밴드인 TWRP와 함께 음악 세트 리스트 얘기를 하기도 하고, 사이보그 분장을 한 멤버들과 인류 진화의 다음 단계는 무엇일까 토론하기도 했다. 그 모습을 본 순간, 나는 흔히 가면 증후군이라 부르는 증세를 앓게 됐다. 자신이 노력해서 얻은 성취를 부정하며, 한껏 과대포장된 자신의 가면이 벗겨질까 끊임없이 전전긍긍하는 증상 말이다. 감사하게도 이런 감정을 TWRP 멤버들에게 토로할 기회가 있었는데, 그들은 내게 열정적으로 공감해줬다. 전부 다는 아닐지라도 꽤 많은 창작자들이 이런 감정을 경험하는 모양이었다.

또다시 공연 날 밤이 되었다. 부모님과 저녁식사 자리를 가졌
지만 나는 하나도 먹지 못했다. 내 공연이 신경전형인들에게도
먹힌다는 사실을 알게 됐으니 이전보다는 조금 덜 떨렸지만, 크
리스 해드필드 곁에는 똑똑한 사람들만 모이니, 관객들이 내 공
연을 보고 웃는 게 아니라 마치 19세기 병원에서 수술을 참관하
던 학생들처럼 냉철하게 분석할 것만 같아 걱정이 됐다.

이 공연이 버라이어티 쇼였다는 걸 감안한다면 이런 생각을
하는 것 자체가 바보 같은 일이긴 했지만, 태평양에 떠 있는 쓰레
기 섬을 없애려고 한다는 나보다 두 살 어린 사람과 한 명단에 올
라 있으면 여기는 감히 내가 낄 곳이 아니구나라는 생각이 스멀
스멀 들기 마련이다. 그래도 사회자인 애덤 새비지는 유쾌한 개
그에 익숙한 사람이니 그 사람에게 기대면 되지 않을까?

공연이 시작되기 전 크리스 해드필드가 나를 애덤 새비지에게
소개했던 순간을 나는 영원히 잊지 못할 것이다. 그가 악수를 하

면서 크게 외쳤다. "당신! 공연이 끝나면 당신하고 같이 일하고 싶어요!"

생각지도 못했던 일이라 나는 깜짝 놀랐다. "정말요?"

"그럼요! 우리 둘이 함께라면 이 세상을 바꿀 수 있을 거예요."

너무나도 과한 칭찬에 몸 둘 바를 몰라 재빨리 말했다. "시간하고 날짜만 정해주세요. 꼭 함께하겠습니다."

"아니, 진짜로. 우리 둘이 힘을 합하면 이번만큼은 태평양에 있는 그 쓰레기 더미들을 없앨 수 있을 거라니까요."

잠시 정적이 흘렀다. 크리스가 설명했다. "이쪽은 마이클이에요…. 코미디언이요."

"아… 사람들이 좋아할 거예요." 그렇게 말하고는 애덤은 자리를 떴다.

소중히 간직하고 있는 기억이다.

마침내 무대에 오를 시간이 됐다. 사회자인 애덤 새비지의 오프닝으로 관객들은 벌써 폭소를 터뜨리고 있었다. 무대 중앙으로 걸어 나온 나는 이 상황에 너무도 적응이 안 돼 잠시 멍하니 서 있었다. 내 오른쪽으로는 형광 스판덱스를 입은 TWRP 밴드가 펑키

한 베이스를 깔아주고 있었고, 왼쪽으로 1미터쯤 떨어진 곳에서는 객원 강연자들과 공연자들이 음악에 맞춰 고개를 흔들며 소파에서 편하게 쉬고 있었다. 그리고 저 위쪽 꼭대기 층에는 7년 전 빌리 코널리 공연을 보러 왔을 때 내가 앉았던 자리가 보였다. 지금은 언젠가 이 무대에 서는 날을 꿈꾸고 있을지도 모를 어떤 꼬마애가 앉아 있었다.

아주 잠시, 시간이 무척 느리게 흐르는 기분이었다. 그러다가 내가 첫 개그를 시연하자마자 다음 12분이 순식간에 사라져버렸다. 정말이지 비현실적인 느낌이었다. 내가 그토록 원하던 것을 얻었다가, 얻은 즉시 바로 잃어버린 것 같은 느낌이랄까. 나는 크리스 해드필드 옆자리에 앉아서 사이보그로 분장한 밴드가 자신들만이 느낄 수 있는 지구의 진동에 맞춰 춤추는 걸 지켜보며 내 다음 목표를 생각했다. 언젠가 다시 이 매시 홀에 오르는 것.

공연 후 우연히 닐 게이먼과 마주쳤는데, 그가 집필한 샌드맨 시리즈에 대해 질문했을 때 친절하게 대답해줬다. 또한 인생에 대한 조언도 해줬다. 그가 한 말을 그대로 옮길 수는 없지만 요약하자면 이렇다. "네가 하는 모든 공연을 매시 홀에서 하는 듯 해봐. 공연하는 장소의 역사나 관객 규모, 무대 같은 건 하나도 중요하지 않아. 너 스스로 뿌듯해할 수 있는 공연으로 만들어봐."

그날 밤 이후 우드스탁의 한 지하실에서 대략 50명의 관객을 앞두고 공연했다. 그날이 내 인생 최고의 공연이었다. 물론 그다음도, 그다음도. 그날 이후로 모든 공연을 인생 최고의 공연으로 만들어나가고 있다.

지금은 2019년이고 난 고등학교 시절 절친과 함께 살고 있다.
친구가 마구간 청소일을 안 할 때면 함께 아마추어 공연을 하곤
한다.

캐나다 투어를 다니며 찍은 다큐멘터리는 여전히 작업 중이다.
10년짜리 대서사시로 모양을 갖춰나갈 태세다. 캠프에서 만났던
친구 하나가 용감하게도 감독을 맡아줬다. 언제 공개가 될지, 몇
분짜리 다큐멘터리가 될지, 플롯은 뭔지 아직은 하나도 결정된
게 없다.

나처럼 자폐인 여자친구를 사귀고 있다. 함께 애완동물을 기르
기로 했다. 나를 꼭 닮은 앵무새를 한 마리 키우면 어떨까 생각 중
이다. 시끄러운 게 영락없이 나를 닮았으니까.

에필로그를 쓰는 일은 어렵다. 특히 아직 앞으로도 할 이야기

가 많이 남은 나이라면 더더욱. 이 책의 초고를 집필했을 때는 "고향인 오렌지빌에는 자주 가지 않는다. 하지만 한번 가면 동생과 나는 트램펄린을 신나게 뛰며 논다. 지금까지 모두 네 번이나 놀았다"라고 썼었다.

그 후 끔찍한 일이 일어났다.

2018년 봄, 동생 매티는 수영을 하던 도중 대발작이 일어나 그만 익사하고 말았다. 석 달 뒤 우리 가족은 부모님 댁에서 동생을 기리는 조촐한 자리를 마련했다. 매티의 재는 평소 그애가 좋아하던 자리인 나무 밑에 묻었다. 수영장이 있던 자리였다. 우리 가족의 앞날은 아직 불안정하다. 동생의 죽음은 우리에게 커다란 빈자리를 남겼다. 지금은 그저 다들 그러하듯이, 한 번에 하루씩 살아가려고 한다.

이 책이 꼭 필요한 사람에게 도움이 됐으면 한다. 이런 세상에서 우리에게 남은 건 서로를 공감해주는 능력뿐이다. 서툰 내 경험들이 보편적이지 않을지는 몰라도, 누구나 한 번쯤은 이런 서툰 감정을 느낀 적이 있으리라.

이 책을 읽는 신경전형인들에게, 우리를 이해해주고 우리에 대해 배우려고 노력해줘서 고맙다는 말을 하고 싶다.

이 책을 읽는 자폐인들에게는 이 말을 다시 한번 하고 싶다. 당신은 혼자가 아니라고.

나를 이해해주는 가족과 친구들에게 감사 인사를 전하고 싶다. 애닉 프레스 출판사의 훌륭한 직원들, 특히 지혜롭게 날 이끌어 줬던 폴라 아이어와 카엘라 카디외에게 감사 말씀 드린다. 페이스북을 통해 날 응원해줬던 모든 분들, 내 공연에 한 번이라도 와 줬던 모든 분들께도 진심으로 고개 숙여 감사드린다. 끝으로 살면서 나와 한 번이라도 어색한 만남을 가졌던 모든 분들께도 감사드린다. 여러분이 아니었다면 이 책을 쓸 만큼 충분한 에피소드가 모이지 않았을 거다.

이 책을 만난 건 우연이었다. 도서관에서 책을 고르던 중 고만고만한 표지들 사이에서 이 책이 눈에 확 띄었다. 제목에 들어 있는 '자폐'와 '코미디언'이라는 글자 때문이었다.

서로 전혀 양립할 것 같지 않은 두 단어의 조합은 나를 강하게 끌어당겼고, 책을 펼쳐 든 뒤에는 여러 가지로 놀랄 수밖에 없었다. 이 책의 저자는 자폐인이다. 자폐에 대한 의료인의 책이나 자폐인 부모의 수기는 본 적이 있지만, 자폐인이 자신에 대해 직접 쓴 책은 처음이었다.

저자는 힘들었을 것이 분명한 자신의 아동기와 청소년기를 유머와 위트를 곁들여가며 재미있게 풀어놓는다. 깔깔거리며 읽다 보면 어느새 저자의 아픔에 공감하고, 그의 앞날을 응원하고 싶은 마음이 든다. 글에 이렇게도 유머가 넘치는 건 아마 저자가 현직 스탠드업 코미디언이라 가능한 일일 것이다.

그런데, 가만. 스탠드업 코미디언이라고? 자폐인이 코미디언이 될 수 있는 거였어?

그동안 내가 미디어로 접한 자폐는 제 한 몸 건사하기도 버거운 중증장애인이나 드라마에 나오는 뛰어난 능력자처럼 극단적인 경우뿐이었다. 사회성은 떨어지지만 천재적인 의사라든가(<굿 닥터>), 뛰어난 암기력과 기발한 문제 해결 능력을 지닌 변호사라든가(<이상한 변호사 우영우>).

자폐인은 감정이 메마르고 소통하기 힘든 사람인 줄 알았는데. 자폐인은 책 한 권을 통째로 줄줄 외울 수는 있어도 누군가를 웃기는 코미디언은 될 수 없을 거라고 생각했는데. 자폐에 대해 내가 가졌던 편견이 쩌저적 깨져나갔다.

편견을 깨부수는 독서는 언제나 즐겁지만, 그것 말고도 이 책을 추천할 이유는 차고 넘친다. 우선 젊은 자폐인들이라면 꼭 이 책을 읽어보길 권하고 싶다. 자폐인 자녀를 어떻게 키워야 하는지를 그 부모에게 알려주는 책은 많지만, 정작 당사자인 자폐 청소년에게 그 시기를 지내온 선배 자폐인이 직접 말을 건네는 책은 드물다.

자폐 청소년들은 안 그래도 가뜩이나 힘든 청소년 시기를 '자폐'라는 굴레를 하나 더 쓰고 보내야 한다. 그런 그들에게 넌 혼자가 아니라고, 또 넘어지고 실패하겠지만 우리 같이 해보자고 희망을 얘기하는 이 책은 무척이나 큰 힘이 되어줄 것이다.

그렇다고 이 책이 자폐인과 가족 등 당사자에게만 유효한 것은 아니다. 우리는 모두 저마다 크고 작은 단점을 가졌고, 살다 보면 누구나 당황스럽고 어색하고 민망하고 뻘쭘한 상황에 놓일 때가 있으니까.

슬프고 힘든 상황이 닥쳐도 웃음으로 승화하고, 장애를 자신만의 독특함과 나다움으로 기꺼이 받아들이는 저자의 모습은 같은 또래의 보통, 아니 신경정형인 청소년들에게도 큰 울림을 줄 것이다.

이 책을 집어 든 당신에게, 힘들었을 오늘 하루를 잘 버텨낸 당신에게 격려의 박수를 보낸다. 이 책을 읽는 동안만큼은 마음의 짐을 내려놓고 편안하게 웃으며 즐기길 바란다. 마치 한 편의 시트콤처럼 재미있게 읽고 난 뒤에는 나와 조금 다른 사람도 포용하는 마음의 여유를 가질 수 있기를 바란다. 허점투성이인 자신의 삶을 있는 그대로 받아들이면서도 시종일관 유쾌함을 잃지 않는 이 책의 저자 마이클처럼.

자폐에 대해 더 많은 정보가 필요하다면 다음에 제시하는 곳들이 도움이 될 것이다. 거기에 당신이 찾는 모든 답이 다 있다고 말하는 건 아니다. 어떤 곳은 논란의 여지가 있는 입장을 고수하는 곳도 있다. 내가 했던 방법을 알려드리겠다. 나는 일단 홈페이지를 찬찬히 둘러본 다음에 거기에서 발견한 내용을 심사숙고했다. 그리고 나한테 효과가 있겠다 싶은 것은 바로 활용했다. 어떤 것들은 자폐인들에게 큰 도움이 될 것이고, 어떤 것은 내 동생과 같은 중증 자폐인을 자녀로 둔 부모님에게 유용한 정보가 될 것이다. 고용주들이 자폐인의 능력과 관점을 이해할 수 있게 도와주는 곳도 있다. 자폐 스펙트럼 장애에 대해 더 알고자 하는 사람들에게 이 목록에 있는 곳 대부분이 도움이 될 것이다.

Autism Canada - https://autismcanada.org/

Autism Ontario- http://www.autismontario.com/

Autism Society of America - http://www.autism-society.org/

Autistic Self Advocacy Network – http://autisticadvocacy.org/

Geneva Centre for Autism – https://www.autism.net/

National Autistic Society – https://www.autism.org.uk/

Specialisterne Canada – http://ca.specialisterne.com/

네, 자폐 맞고요 코미디언도 맞습니다
자폐 코미디언 마이클 매크리어리의 유쾌한 세상 적응기

초판 1쇄 발행 2025년 6월 15일

지은이 마이클 매크리어리 | 옮긴이 박신영
펴낸이 임경훈 | 펴낸곳 롤러코스터 | 출판등록 제2019-000296호
주소 경기도 고양시 덕양구 청초로 19 아이에스비즈타워 2차 B동 704호
전화 070-7768-6066 | 팩스 02-6499-6067 | 이메일 book@rcoaster.com
제작 357제작소

ISBN 979-11-91311-65-5 03330